U0027436

The Complete
Conversations With God Ⅲ（Vol. 1）

與神對話Ⅲ 上

尼爾・唐納・沃許——著
孟祥森——譯

〈自序〉遲來的神聖訊息

這是一本非比尋常的書。我這樣說，好像我跟這本書沒有多大關係似的。事實上，我所做的真的就只是「出席」——問幾個問題，然後聽寫下來而已。

從一九九二年當我開始與神對話，我所做的就一直是如此。那一年，在極度的沮喪中，我不斷懊惱的問道：究竟我要如何做，才能使生活有意義？我究竟又做了什麼，才使得我的生活變得如此不堪？

有一天，我把這些問題寫在一本筆記簿上，那是一封憤怒的信，寫給神的信，但讓我震驚的是，神回答了，是在我心中以無聲之聲向我細語回答。幸運的是，我把這些話都寫了下來。

於今，我已這樣做了六年。由於我被告知這些私下的對話有一天將成為書籍，我便於一九九四年底將這些話的第一部分交給了一家出版社。七個月後，它們就出現在各書局的書架上了。此刻，在我寫這篇序的時候，它們已在《紐約時報》暢銷書排行榜上持續了九十一個星期。

第二部對話也成為暢銷書，在《紐約時報》排行榜上也好多個月居高不下。而現在，是這本非比尋常的對話的第三部，也是最後一部了。

第三部共花了四年的時間才寫成，得來不易。靈感與靈感之間的間隔，有時非常的長，有一次竟達半年之久。第一部的言詞是在一年之間口述完畢，第二部比一年略長一些，但這最後一部卻是我不得不在公開的聚光燈下完成的。因為從一九九六年以後，不論我去到哪裡，永遠有人問我：「第三部什麼時候出版？」「第三部在哪？」「我們什麼時候可以讀到第三部？」

你可以想像這對我造成何等的壓力，這對完成這本書的過程又會有何等的衝突。我感覺自己就像在洋基棒球場的投手踏板上做愛一樣。

其實，在那裡做愛可能比我寫這第三部還更有隱密性。在本書的書寫過程中，每當我一拿起筆，就感到有五百萬人在瞇眼看著我，在等著、在渴望著每一個字。

我寫這些話，並不是為了祝賀我終於完成了這部書，而是在解釋為什麼這第三部會來得如此之晚。這幾年來，我身體和心靈的獨處時間都非常的少，而且間斷甚久。

我於一九九四年春季開始啟筆寫這部書，不久中斷了幾個月，其後又跳過了整整一年，而最後的幾章，則是在一九九八年春季和夏季才完成的。

雖然這部書花了這麼長的時間，但有一點是你們至少可以信賴的，就是這部書絕不是勉強寫出來的——絕不是。靈感要不是清清楚楚的來臨，就是我乾脆把筆放下，拒絕書寫——有一次一擱就擱了十四個月。因為我下定決心，如果只是因為我說過我要寫，就非得寫不行，則我寧可不寫。這雖然使我的出版商有點緊張，可是卻很有助於讓我對我寫出來的東西有信心——儘管這信心來得較為漫長。現在，我終於可以把它呈現給你了。這部書的內容是總結了前兩部的教誨，並將它們帶到必然的，而又令人屏息的結論。

如果你曾讀過前兩部的前言，你就知道，我那時是有些害怕的。實際上是深恐那些言詞會造成什麼反應。但現在，我已不再害怕了。對於這第三部，我是什麼憂慮都沒有了。因為我知道這其中的洞見，其中的真理，其中的溫暖和其中的愛，會感動許多人。

我相信這是神聖的精神訊息。現在我看出來，這三部曲的每一部都是如此，它們將會在數十年中被人一讀再讀，不斷的研究探索；甚至不只數十年，而是數個時代；甚至數個世紀。因為這三部曲涵蓋的題材非常的精深廣泛，從人與人的關係說到終極的真相，說到宇宙的結構，說到生，說到死，說到浪漫的愛、婚姻、性、為人父母、健康、教育、經濟、政治、精神與宗教、志業與正當的生計、物理、時間、社會習俗與道德、創造歷程、我們與神的關係、生態、罪與罰、宇宙間高度演化了的社會中的生活、對與錯、文化神話與文化倫理、靈魂、靈魂伴侶、真愛的本質，以及如何將我們的神性表彰出來——因為我們知道這神性就是我們的本性。

我真誠的祈望你能從這三部曲中得到益處。

祝福你！

目
CONTENTS
錄

1 你教的，正是你必須學的

今天是一九九四年的復活節，我依指示，手上拿著鉛筆，在這裡等待。我在等待神。他答應我他會出現，就如她在過去的兩個復活節一樣，我們將開始另一段為時一年的對話。這次是第三部，就我所知也是最後一部。

這非比尋常的對話過程始於一九九二年，將於一九九五年的復活節完成。三年，共三部書。第一部以個人的事務為主：情感關係，正常的工作，金錢、愛情、性和神等巨大力量，以及如何把它們納入到日常生活中。第二部則將這些主題擴充，推向全球的政治考量，諸如政府的性質，如何締造一個沒有戰爭的世界、一個全球的和統一的社會。而這第三部，依我得到的指示，則是將焦點集中在我們人類所面對的一些最大的問題上。是有關其他界域、其他次元的一些觀念，以及這整個複雜的結構如何環環相扣的問題。

這三部書的程序是：

個人的真理

全球的真理

宇宙的真理

就像前兩部手稿一樣，對話將如何進行我完全沒有概念。過程總是很簡單：我把筆放在紙上，提一個問題，然後看我腦子裡有什麼東西冒出來。如果什麼都沒有，我就把紙筆放下，等另一天。第一部書用了大約一年；第二部一年略多（目前，在此第三部開始之際，第二部仍在進行中）。

我想這一部是三部中最為重要的。

因為自從寫書的過程開始直到現在，我第一次感到那麼的不自在。前面的四、五段寫完之後到現在，已過了兩個月。從復活節到現在，已兩個月了。兩個月，什麼都沒有——只有不自在。

我花了好幾個星期來校訂排版好的第一部手稿，這個星期才接到最後的清樣，卻不得不又送回打字行，因為發現了四十三個錯誤。而第二部，則仍在手稿階段，上個星期才完成，比「計畫中」晚了兩個月（原訂一九九四年復活節完成）。而這第三部，儘管在第二部尚未完成前就開始，卻一直留在文件夾中拖延到現在——而現在，第二部已經完成了，這第三部就吵著要求注意了。

然而，從一九九二年——也就是第一部開始之際——到現在，我是第一次感到抗拒這書寫，幾乎是惱火狀態。我覺得自己是被陷在這作業中，而我又從來不喜歡去做任何必須去做的事。甚且，在把第一部的手稿影本拿給少數幾個人看以後，從他們的反應得知，這三部資料必將被許多人閱讀，徹底審視，從神學的角度來分析，並熱烈辯論數十年。

這使我要回到筆記簿上就變得非常困難，也非常難以再把這隻筆視為我的朋友了。雖然我深知這些資料終將通過考驗，但我自己卻會成為眾矢之的，遭人謾罵攻擊，嘲笑，甚至厭恨；只因為他們認為我竟然膽敢將此資料公諸於世，更不用說我還宣稱這資料是直接自神而來了。

我相信我最大的恐懼是證明自己不適合做為神的「發言人」，因為從出生到現在，我做過數不清的錯事，我的行為一敗塗地。

凡是知道我過去的人——包括我的幾位前妻和孩子們——都會毫不遲疑的站出來，公開抨擊這些資料，只因為我即使只做為丈夫和父親，就做得全無光采可言。在這方面，我很失敗，而人生的其他方面，諸如友誼、表裡一致、勤奮和責任，也都沒有一樣說得過去。

總之，我深深知道，我沒有資格自奉為神的子民，更不用說是真理的使者了。我是全世界最沒有資格擔此任務的人，甚至想都沒有資格想。而現在，我竟要為真理發言，就覺得對真理不公。因為我整個的一生就是在展示弱點。

為了這些原因，神啊，求你免除我的任務，不要再做你的書記，求你去找另一個值得配上這種榮譽的人去擔當吧。

我倒喜歡把我們在這裡開始的事情辦完——不過你並沒有「義務」這樣做。不論對我，還是對任何人，你都沒有任何的「義務」；當然，我知道，由於你認為自己有，所以你頗有罪惡感。

我辜負了很多人，包括自己的孩子。

你一生所發生的所有事情都發生得恰到好處，使得你——和所有與你有關的人——都正好依你們所需要的方式成長。

這正是新時代每個人的「藉口」，逃避他們行為的責任，並規避任何不快的後果。我覺得自己很自私，自私得讓人不可思議；我這一生的所作所為，大多是為了取悅自己，而不顧對他人的衝擊。

取悅自己，並沒有什麼不對……

但卻有那麼多人受到傷害、被辜負……

唯一的問題是，什麼東西讓你最高興。而你現在似乎在說，讓你最高興的事是所作所為對別人沒有傷害，或盡量少傷害。

這是說得客氣。

我故意這樣說的。你必須學著對自己寬大，不要再審判自己。

這很難，尤其是當每個人都那麼想要審判你的時候。我覺得我會變成你的絆腳石，變成真理的絆腳石。如果我堅持要寫完和出版這三部曲，我會變成你的訊息的蹩腳使者，使你的訊息喪失信譽。

你不可能使真理喪失信譽。真理就是真理，既不能被證明，也無法被否認，它就是它。我的訊息之美與奧妙，是不可能因人怎麼看待你而受影響的。

其實，你正是最佳的使者之一，因為你以前的生活是你所謂不完美的生活。

大眾會接受你——即使他們批判你。如果他們看出你是真誠的，他們甚至會原諒你「骯髒的過去」。

不過我仍要告訴你：只要你仍在擔憂別人怎麼看你，你就仍歸屬於別人。

只有當你不再要求外在的讚賞時，你才能歸屬於自己。

我關心的主要是你的訊息，而不是我自己。我擔心你的訊息被抹黑。

如果你擔心的是訊息，那就把訊息發表出來。不要擔心它被抹黑，那訊息會為它自己說話。

要記得我告訴過你的：重要的是訊息怎麼送出去，而不是它怎麼被接受。

也要記得：你教的，正是你必須學的。

並非必須已達完美，才能談論完美。

並非必須已達精深，才能談論精深。

並非必須已達至高的演化階段，才能談論至高的演化階段。只要真誠，只要認真。如果想要解除你自以為造成的「傷害」，則用你的行動去證明。做你所能做的，其他的就隨它去吧。

這說起來很容易，做起來可難了。有時候，我會有罪惡感。

罪惡感和恐懼是人唯一的敵人。

但罪惡感有其必要，它讓我們知道我們錯了。

沒有所謂的「錯」，只有合不合你用；它是否表彰了你是誰和你選擇你是誰。罪惡感讓你卡在你不是你的那個方位。

但罪惡感至少讓我們注意到我們步入歧途了。

你說的是覺察，而不是罪惡感。

我告訴你，罪惡感是枯萎病——是把植物殺死的毒藥。你不可能因罪惡感而成長，只會因而枯萎和死亡。你所找尋的是覺察，但覺察不是罪惡感；愛也不是恐懼。

我再說一遍：恐懼與罪惡感是你們唯一的敵人；愛與覺察則是你們真正的朋友。你們不能把兩者混淆，因為一個會殺害你們，另一個則能給予你們生命。

那麼，我對什麼事情都不用感到「罪惡」了？

永遠永遠不要。它有任何好處嗎？罪惡感只會讓你不愛你自己——並消除任何你愛別人的機會。

我也不用恐懼任何事情？

恐懼與細心是兩回事。要細心——要覺察——但不要恐懼。因為恐懼使人癱瘓，而覺察則讓人行動。

要行動，而不要癱瘓。

我一向受到的教育就是要懼怕神。

我知道。你們跟我一向的關係就是被癱瘓了的。

只有當你們不再懼怕我，你們才可能締造出有意義的人神關係。

如果我能給你們任何禮物，能給你們任何特殊的恩寵，以便讓你們能找到我，那就是無懼。

無懼的人是有福的，因為他們將認識神。

這意謂著，你必須無懼到足以拋卻你原以為你對神的認識。

你必須無懼到足以跳開別人所說的有關神的種種。

你必須無懼到敢於走入你自己對神的親身體驗中。

然後你又必須無懼到不因此而感到罪惡。當你自己的體驗是如此違背你以為你所知道的神，如此違背人人對你說的神，你仍必須不因此而感到罪惡。

恐懼與罪惡感，是人的唯一敵人。

但是會有人說，照你所講的去做是跟魔鬼打交道；只有魔鬼才會這樣講。

根本沒有魔鬼。

這也可能是魔鬼會說的話。

魔鬼會說神說的一切，是嗎？

只是說得更聰明。

魔鬼比神聰明？

嗯，或說狡猾吧。

所以魔鬼會用神說的話來「狡辯」？

只是「扭曲」一點點——但只那麼一點點，就足以使人脫離正道，使人迷途。

我認為我們必須再談談「魔鬼」。

好啊，不過我們在第一部裡已經談了不少。

顯然還是不夠。再說，可能有人並沒有讀過第一部或第二部。因此，我認為應該先把前兩部的要點綜述一下。而且這也可以為這第三部中所述的更大、更具普遍性的真理鋪路。魔鬼這個問題，早了結早好。我要告訴你，「魔鬼」這東西為什麼是個「發明」出來的東西，又是怎麼發明的。

好吧，好得很，你贏了。這對話已經開始，我也已經投入了，所以顯然會繼續下去。但是，關於我進入這第三部對話，有一件事是大家應該知道的，就是從我寫下前面幾段話之後，到這裡已經過了半年。現在是一九九四年的十一月二十五日——感恩節的第二天。這中間一共是二十五個星期；從那幾段到現在，過了二十五個星期。這二十五個星期，有許多事情發生。但有一件事未曾發生，就是這部書仍在原封不動，一步都沒有向前。為什麼要花那麼久的時間？

你現在明白你可以如何阻礙你自己了嗎？你現在明白你可以如何顛覆你自己了嗎？你明白正在你走上通往某些善舉之路時，你可以如何讓自己止步了嗎？你一輩子都在這樣做。

嘿，停停！拖延這計畫的可不是我。我什麼都不能做——一句話也寫不出來——除非我覺得感動……除非我覺得……我討厭用這兩個字，但是我猜我是不用不行……我被靈感推動，在筆記簿上寫下東西。而靈感是你負責的部分，不是我負責的部分。

我明白了。所以，你認為拖延的是我，不是你。

可以說是的。

我的寶貝朋友，這真是再像你不過了——當然，其他人也是如此。你們把手壓在屁股下，對你們「至高的善」一事不做，實際上是把它推開，然後又諉過於別的什麼人或什麼事，說是它讓你們不能前進。你沒有看出這是一個模式嗎？

嗯……

我告訴你：從沒有任何時間是我沒有跟你在一起的；從沒有一分鐘是我「沒有準備好」的。

我以前不就對你說過了嗎？

嗯，是，但是……

我永遠都跟你在一起，直到地老天荒。

然而，我不會把我的意願強加在你身上——永遠不會。

我為你選擇你最高的善，但更為你選擇你的意願。這是愛的最確切表示。

當我想要給你的是你想要我給你的，我就是真的愛你。當我想要給你的是「我」想要給你的，則我愛的是我自己，只不過是藉著你。

同樣的，藉著同樣的尺度，你也可以以此來斷定別人對你的愛，也可以斷定你是否真正愛別人。因為愛不為自己求取，而只想讓被愛的人的選擇成為事實。

這似乎和你在第一部中說的意思直接矛盾。在第一部中，你說：愛不關乎別人是什麼、做什麼和有什麼，而只關乎自己是什麼、做什麼與有什麼。

而你現在的說法也引起一些問題，例如對站在路中的小孩喊「不要站在馬路上」的父母怎麼說呢？或更好的例子，不顧自己生命的危險，衝進車輛奔馳的路中把小孩一把抱起的父母，又怎麼說呢？這樣的父母怎麼樣？他們難道不愛小孩嗎？然而他們還是把自己的意願強加在小孩身上了。請記住，那小孩之所以在路中，是因為他想要在路中。

你對這些矛盾做何解釋？

這其中並沒有矛盾，只是你沒看出其中的和諧來。等你明白我為我所做的最高選擇，就是你為你所做的最高選擇，你才能明白這愛的神聖教誨。我為我所做的至高選擇和你為你所做的至高選擇是同一件事，而這又因為你跟我是同一個。

你瞧，這神聖教誨也就是神聖二分法，而這又因為生命的本身就是二分的——在同時同地，兩個顯然矛盾的真理可以並存。

在目前的例子中是，你與我既是分離的，又是合一的。在你跟一切人的關係中，都有這明顯矛盾的存在。

我在第一部中所說的沒有錯：在人與人的關係中，人的最大錯誤是在乎別人是什麼、做什麼或有什麼。你只要在乎自己（Self，本我）就好了。自己是什麼、做什麼或有什麼？自己需什麼、要什麼、選擇什麼？自己的最高選擇是什麼？

而我在這一部的這種說法也沒錯：當自己明白了並沒有別人時，則自己的最高選擇，就也是為別人所做的最高選擇。

因此，錯誤不在為自己做最好的選擇，而在不知道什麼才是最好的。這又出於不知道你真正是誰，更不用說你想要成為誰了。

我不明白。

讓我舉例說明。如果你想贏得印第安納波利斯五百英里的汽車大賽，則開時速一百五十英里可能對你是最好的。但如果你想去雜貨店買東西，這可能就不是最好的時速。

你是說要視情況而定！

沒錯。生命中的一切都是如此。什麼是「最好的」，要視你是誰、你想要成為什麼而定。除非你已明智的決定了你是誰、你是什麼，否則你就不能明智的選擇什麼對你是最好的。

我，身為神，我知道我想要成為什麼。因此，我知道什麼對我是「最好的」。

那又是什麼呢？請告訴我，什麼對神是「最好的」？這一定很有趣……

於我最好的就是把你們決定什麼對你們是最好的給予你們。因為我想要的是把我自己表現出來，而我是藉由你們來做此表現。

你了解了嗎？

了解了，不管你相不相信，我是真的了解了。

很好。現在，我要告訴你一些你會覺得難以相信的事。

我一向就在給予你們於你們最好的……儘管我承認你們可能並不一定知道。

這個秘密現在既然已經釐清了一些，你便可以開始了解我是什麼，我想要的是什麼了。

我是神。

我是女神。

我是至高無上的存在，一切的一切，始與終，阿爾法與歐米加。（譯注：阿爾法 Alpha，希臘語的第一個字母，代表最初；歐米加 Omega，希臘語的最後一個字母，代表最終。）

我是總合與本質、問題與答案、上與下、左與右、此時與此地、以前與以後。

我是光，我是那創造光的黑暗，使光成為可能的黑暗。我是無盡之女神，是使「善」成其為「善」的「惡」。我是這一切——一切的一切——我無法在不體驗我的全體下，去體驗任何部分。

而這正是你對我不了解的地方。你想要我是其一，而不是其二；是高，而不是低；是善，而不是惡。然則否認了我的一半，你就否認了你自己的一半。而由於如此，你永遠不能成為你真正是誰。

我是那莊嚴華美的一切——而我想要的是以親自體驗的方式認識我自己。我藉著你這樣做，也藉一切存在之物。我藉著我所做的選擇，體驗自己的莊嚴華美。因為每一個選擇都是自我創造，每一個選擇都是在為自己下定義，每一個選擇都表示（represents）——也就是「再現」（re-presents）——我在此時選擇我是誰。

然而，除非有東西讓我從中選擇，否則我就不能選擇莊嚴華美。為了讓我選擇我之為莊嚴華美，我就必須有某部分較不那般莊嚴華美。

於你，也是同樣的。

我是神，正在創造我自己的過程中。

你，也是如此。

這就是你的靈魂所渴望去做的，這就是你的精神所渴望的。

如果我阻止你選擇你所要的，就是我阻止我自己選擇——我所要的。因為我最大的願望就是去體驗我之為我，而這卻只有在我不是我的空間中才能做到。這是我在第一部中細心而艱辛的解釋過的。

所以，我小心的創造了我不是什麼，以便我可以體驗我是什麼。

然而我又是我所創造的一切——因而以某種意義來說，我又是我所不是的。

怎麼可能是你所不是的呢？

很簡單，你其實時時都這樣，看看你的行為就知道了。

試著了解這件事：沒有任何事物是我所不是的。因此，我是我所是，我也是我所不是。

這就是神聖二分法。

這就是那神聖的秘密，但直至目前，只有那至為高越的心才能懂得。而我現在在此以這種方式向你們啟示，以便有更多的人可以懂。

這些是第一部中的訊息，如果你們想要懂和了解第三部中將提到的更高越的真理，你們就必須懂——並深深了解第一部中的基本真理。

不過此處我要先提這更高越真理的一端——因為它包含在你第二個問題的答案中。

我一直在等待我們回到我問題的這一部分。如果父母的所說所做是為了孩子好，即使違背了孩子自己的意願，這是愛孩子嗎？還是父母該讓孩子留在車輛奔馳的馬路中以證明自己愛孩子？

這是個微妙的問題。這也是自從有父母以來，每個父母都會以不同方式問到的問題。對於你身為父母而言，和對我身為神而言，答案是一樣的。

那答案是什麼？

別急，我的孩子，別急。「一切好的東西都會讓那有耐心的人等到。」你沒聽過這句話嗎？

沒錯。我父親常說，但我討厭聽。

我能了解。但你對你自己真的要有耐心——尤其是當你的選擇未能帶來你所要的東西時。比如，對你問題的第二部分的答案就是如此。

你說你想要答案，但你並沒有選擇它。你知道自己沒有選擇它，因為你沒體驗到你有答案。事實上，你是有答案的，一直都有。你只是不去選擇它。你選擇了去相信你沒有答案——因此你就沒有。

沒錯。你在第一部中也曾解說過這一點。我此時此刻就擁有我選擇擁有的一切——包括對神的全然領會——然而除非我知道我擁有，我就不會體驗到我擁有。

正是！你說得很正確。

但是，除非我體驗到我有，否則我又如何能知道我有呢？我怎麼可能知道我未能體驗到的東西呢？不是有一位偉大的智者（a great mind）曾說：「一切的知都是體驗」嗎？

他錯了。

知不是隨體驗而來——知先於體驗。

在這一點上，全世界一半的人都前後顛倒。

所以你的意思是說，我擁有我問題第二部分的答案，只是我不知道我有？

完全對。

然而如果我不知道我有，那我就沒有。

這是個弔詭，沒錯。

我不懂……除非我懂。

沒錯。

那麼，假如對某種東西我並不「知道我知道」，則我又如何到達我「知道我知道」的境地呢？

為了「知道你知道，就做得好像你知道似的」。

你在第一部中也說過這類的話。

沒錯。而現在是很好的時機來把先前的教誨扼要說明一下。而你也「正好」提出正好的問題，來讓我在此書開端之處簡述一下我們曾經詳談的一些訊息。

在第一部中，我們曾談過「是——做——有」（Be-Do-Have）範型，而大部分人又如何反其道而行。

大部分人認為，如果他們「有」某種東西（更多的時間、更多的錢、更多的愛等等），他們最後就可以「做」某些事（寫一本書、培養某項嗜好、去度假、買棟房子、交個朋友），而這又會讓他們「是」如何如何（是快樂的、和平的或滿足的，或在戀愛等等）。

事實上，他們是在把「是——做——有」的範型顛倒了。宇宙中的實況（跟你們所想的相反）是，「有」並不能產生「是」，「是」卻產生「有」。

首先你要「是」稱之為「快樂」（或「知」、或「智慧」、或「慈悲」等等）的人，然後從這「是」的境地去「做」一些事情——不久，你就會發現你所做的會轉回來帶給你一直想要「有」的東西。

啟動這種創造過程（沒錯，這正是……創造過程）的方式，是先看清你所要「有」的是什麼，問你自己如果你「有」那個東西，你會「是」什麼樣子，然後直接去「是」那個樣子。

以這種方式，你就把那習常的範型倒轉過來，事實上是更正成「是——做——有」的範型，跟宇宙的創造力共同運作，而不是反其道而行。

以下是這個原理的簡述：

你的一生，並不必須去做任何事。

全部的問題只在你是什麼。

這是在我們對話結束時，我要再度觸及的三個訊息之一。我將以之結束本書。

現在，為了說明，讓我們設想有這麼一個人：他認為，如果他再有更多一點時間，更多一點錢，或更多一點愛，他就會真的快樂。

他沒有搞清楚他目前的「不很快樂」跟他沒時間、沒錢或沒愛之間的關係。

正是。反過來說，那個「是」很快樂的人，似乎有時間去做所有真正重要的事，有必須用的錢，有夠用終生的愛。

他發現他有使他「快樂」所需的一切事物……只因他先從「快樂」開始！

正是。先決定你選擇自己是什麼樣子，會讓你實際去經驗那種樣子。

「是，或不是，就是問題的所在」。（To be, or not to be. That is the guestion. 譯注：此處作者俏皮的引用莎翁名句。）

正是。快樂，是心靈的一種狀態。正如一切的心靈狀態會以實質的形式複製自己。

有一個電冰箱磁鐵上這樣寫道：

「所有的心靈狀態都自我複製。」

但是，如果不是你已有你認為必須有才能「是」的那些東西，你又怎能事先就能「是」快樂的，或任何你想要「是」的情況呢？——不管是你想要更發財或更被愛？

就像你「是那樣」的去做，你就會把它吸引過來。

就像你「是那樣」的去做，你就會變成那樣。

換句話說，就是「弄假成真」。

有點像，沒錯。只不過你不能真的「弄假」。你的所作所為必須真誠。

凡是所作所為，都須出自真誠，不然就會失去它的好處。

這並不是我不願意「報償你」。神既不「報償」，也不「懲罰」，這是你知道的。但是，為了讓創造過程得以運作，自然律要求身、心、靈在思、言、行中結合在一起。

你不可能騙得過自己的心。如果你不真誠，你的心會知道，那就沒什麼好說的了。你只是把創造過程中心靈可以幫助你的機會終止掉而已。

當然，你也可以不用你的心而能創造——不過要更困難得多。你可以要求身體去做你的心所不相信的某件事，而如果身體去做此事的時期夠長，你的心就會開始將它對此事原先的想法改變，而創造另一種新想法。一旦你對某一事物有了新想法，你就走上了一個歷程，將此事物創造為你生命中的一個永久面向，而不僅僅是你做出來的某種事物。

這是一條艱難的路，但即使在這樣的情況下，你的所作所為也必須真誠。人，你或可操縱，宇宙卻是你操縱不了的。

所以，這是一個極為巧妙的平衡。身體做心靈所不相信的某件事，然則為了此事得以運作，心靈卻必須在身體的行為中加入「真誠」這一要素。

如果心靈不「相信」身體所做的事，它又如何能為之加入真誠呢？

藉由取走私利的方式。

怎麼取？

心靈可能並不真誠的同意你身體的作為可以帶給你所選擇的東西，但心靈似乎十分清楚，神會願意藉著你，把好的事物帶給別人。

因此，不論你為自己選擇什麼，都要給予別人。

可以請你再說一遍嗎？

當然可以。

不論你為自己選擇什麼，都要給予別人。

如果你選擇快樂，那讓別人也快樂。

如果你選擇豐饒，那讓別人也豐饒。

如果你選擇生活中有更多的愛，那讓別人生活中也有更多的愛。

要真心真意的這樣做——不是因為你尋求個人的獲得，而是因為你真的要別人獲得——於是你所給出去的一切，都會來到你身上。

怎麼會這樣？這是怎麼運作的？

你將某種東西給出去，這行為本身就使你經歷到你有這東西，可以給出去。由於你不可能把某種你現在沒有的東西給別人，因此你的心靈就得到一個新的結論，一個新的想法，就是，你必定有這個東西，不然你不可能把它給出去。

於是，這個新的想法變成了你的經驗。你開始「是」這樣。而一旦你開始「是」某一情況，你就啟動了宇宙最具創造力的機器——也就是你的神聖本我。

不論你「是」的是什麼，你就在創造什麼。

循環既已成立，這一情況或事物你就創造得越來越多。它會在你的實際經驗中表現出來。

這就是生活中最大的秘密。本書第一部和第二部就在告訴你們這個。全都在那裡了，比此處所說的更詳細得多。

請解釋一下，在將自己選擇的事物給別人時，為什麼真誠那麼重要？

如果你給予他人只是一個計謀，只是一種操縱，意在想使某種事物來到你身上，你的心靈是知道的。所以等於你給了它的一個訊號，表示你現在並沒有這事物。而由於宇宙不過是個大型的複製機，將你的意念複製成具體形式，因此那就將成為你的經驗。也就是說，你會繼續經驗著你「沒有」那事物——不管你怎麼做！

再者，這也會是你意圖將那事物給予對方的經驗。他們會明白，你只是想要得到某種東西，你實際上並沒有東西可以給予，而你的給予只是一個空洞的姿態，只是出自為自己圖謀好處的膚淺之舉。

因此，你所想要吸引的東西，你卻正將它推開。

然而，當你以純粹的心意將東西給予別人——因為你明白他們需要它，必須有它——你將發現你擁有這個東西，可以給出去。這可是一個重大的發現。

完全對！它真的是這麼運作的！我記得有那麼一次，當時我的生活情況相當不好。有一天，我捧著頭想，我沒什麼錢了，也沒什麼東西可吃，真不知道自己下一次是什麼時候才可以吃個夠，或怎麼樣付下次的房租。就在那天晚上，我在公車站見到一對年輕人。我去公車站拿一個包裹，而就在那裡，我看到了這兩個孩子，偎擠在一條長椅上，用外套當被子蓋。

我看著他們，心裡難過起來。我想起自己年輕時期的樣子，小孩子時的樣子，就是像他們這樣晃來晃去，到處跑。我走過去，問他們願不願意到我住的地方，坐在熱熱的火爐邊，喝一點熱熱的巧克力，說不定還可以把折疊床給他們睡一場好覺。他們眼睛睜得好大的看我，就像耶誕節第二天早晨小孩的表情。

好啦，我們就回到我的住處，我弄了一頓飯給他們吃。那天晚上，我們統統吃了一頓相當久沒有吃到的好飯。食物一直都在那兒，冰箱是滿的。我只是伸手進去，掏出我原先塞到後面去的東西。我炒了一鍋大雜燴，竟然好吃得不得了！我記得當時我還想，這些東西是哪裡出來的？

第二天早上，我甚至還給這些孩子弄了早餐，還送他們上路。當我把他們送到公車站，他們上車的時候，我伸手到口袋裡，竟然掏出了二十元給他們。我說：「這或許可以有點小用。」然後一邊擁抱他們送別。那一天，我覺得我的境況好了一些。嘿，其實是整個禮拜。那是一個我從來不會忘記的經驗，令我對生活的視野與領會，有了深刻的改變。

從那時起，事事開始好轉起來，而今天當我在鏡子裡看自己時，我注意到一件非常重要的事：我還活在這兒呢！

這是個美麗的故事，你是對的，這正是它運作的方式。所以，當你想要（want）什麼東西，就把它給出去，這樣你就不「缺」（wanting）了，你會立刻驗到「有」這個東西。從此開始，只剩下程度的問題。從心理上來看，你會發現「增加一些」比無中生有要容易得多。

我覺得我剛聽到的，是非常有意義的話。你可以把這段話跟我問題的第二部分連在一起嗎？它們之間有關聯嗎？

你明白，我想說的是，你已經有那問題的答案。目前你自以為你沒有那答案，並以此度日，你以為如果你有了那答案，你就會有智慧，所以你來向我求智慧。然而我告訴你：先去「是」智慧，然後你就會有智慧。

而「是」智慧的最快途徑是什麼呢？就是讓別人有智慧。

你想要這問題的答案嗎？那就把答案給別人。

所以，現在我要來問你這個問題。我要裝作「不知道」，而由你給我答案。

如果愛的意義是：你想要給對方的是他們自己想要的。那麼把孩子從車輛奔馳中的馬路上拉出來的父母，是真正愛孩子嗎？

我不知道。

我知道你不知道。但如果你以為你知道，那你會怎麼回答呢？

嗯，我會說，那父母想要的真的是孩子想要的——也就是活下去。我會說，那孩子並不想死，他只是不知道在車輛奔馳的馬路中逗留會導致死亡。因此，父母跑進馬路中央把孩子拉出來，並沒有剝奪孩子去展現意志的機會，完全沒有。他只是顧及孩子真正的選擇，也就是孩子最深的願望。

這是一個非常好的回答。

如果這是真的，則你，身為神，唯一應該做的，就是阻止我們傷害自己了。因為我們最深的願望不可能是傷害自己，然而，事實上我們卻一直都在傷害自己，而你卻坐在那裡袖手旁觀。

我始終都跟你們最深的願望相伴，你們最深的願望也是我給予的。

即使當你們做某件事情會讓你們死去，如果這是你們最深的願望，那麼你們也會如願：就是去經歷「死亡」。

我從不干涉你們最深的願望。

你是說，當我們傷害自己時，也是我們自己想要如此？這是我們最深的願望？

你們不可能「傷害」你們自己，你們是無法被傷害的。「傷害」是一種主觀的反應，而不是客觀的現象。你們可以選擇在任何際遇或任何現象中「傷害」你們自己，但這全然是你們自己的決定。

在這種真理下，我們可以說：沒錯，當你們「傷害」自己時，那是因為你們想要如此。但我是從一個非常高、非常奧秘的層次來說這件事，而你的問題則不是「出自」這個層次。

以你所意指的層次而言——就以其為有意識的選擇而言——我要說，每當你做了使自己受到傷害的事時，並不是因為你「想要」如此。

在馬路上被車撞上的小孩，並不「想要」（尋求、有意的選擇）被車撞上。

那一再跟同一類型女人——跟他完全不對頭的女人——結婚的男人，並不是他「想要」（尋求、有意的選擇）反覆製造這種不良的婚姻。

那用鎯頭敲到大拇指的人，不能說是「想要」這種經驗。那不是他想要的、尋求的、有意選擇的。

然而，所有客觀現象都是下意識間被你吸引而來的；所有的事件都是被你無意識間創造的；你一生中所有的人、事、物、地，都是被你吸引而來的——如果你願意這樣說，是自己創造的——以便提供正好是你想要的條件與機會，好在你演化的過程中去經歷你下一個想要經歷的經驗。

我告訴你，你這一生所發生的每件事情，都是為了提供正好的機會讓你去治療、創造或經歷某種事物，而這又是你為了成為你真正是誰所希望治療、創造或經歷的。凡不是為你提供這正好機會的，根本不會發生。

那麼，我又真正是誰？

任何你選擇的，神聖面向中任何你想要成為的，這就是你是誰，那可以在任何時間改變。實際上，它常常在變，時時在變。然而，如果你希望你的人生安定下來，就不要再這樣變來變去；這有途可循。關於你是誰、關於你選擇是誰，不要老是改變主意就行。

說起來容易，做起來難！

我的看法是，你們是在許多不同的層面上做這些決定。決定到車輛奔馳的馬路上玩耍的小孩並非選擇死亡，她可能選擇其他好幾種事物，但死不包括在內，媽媽最清楚這一點。

這裡的問題不是孩子選擇死，而是孩子所做的選擇可能導致不只一個結果，其中包括死。她並不清楚這個事實；這於她是未明的。這是她缺欠的資料——而這卻使孩子不能做更清楚、更好的選擇。

所以，你看，你剛才分析得很好。

而我，身為神，我從不干涉你們的選擇——然而我卻永遠知道你們的選擇是什麼。因此，你可以假定，如果有什麼事情發生在你身上，那麼它的發生正是完美——因為，在神的世界中，沒有任何事情是逃得過完美的。

你一生的設計——其中的人、事、物、地——全都是由完美的創造者完美的創造出來的，而此完美的創造者，即是完美本身：就是你。而我，則在你之內，以你之身，並且藉由你。

我們可以在這共同創造的過程中，有意識或無意識的一同運作。你可以自覺的走過一生，或不自覺的走過一生。你可以睡著走你的路，或醒著走你的路。

任你選。

等等，讓我們回頭談談在許多不同層次做決定的話題。你說，如果我想要我的生活安定下來，我就應當在我是誰和想要是誰方面不再改變主意。而當我說這說來容易時，你又說我們每個人都在許多不同的層次上做選擇。你可不可以說得詳細些？這意涵著什麼？意謂著什麼？

如果你所渴望的，就是你的靈魂所渴望的，則一切都將十分單純。如果你聆聽你純粹性靈部分的聲音，則你一切的決定都將容易，而所有的結果也將歡悅。這是因為……性靈的決定永遠都是最高的選擇。

它們無需事後的批評，它們不需要分析或評估。它們只需遵從、實行。

但你們卻不只有靈性，你們是身、心、靈的合一體。這既是你們的榮耀，也是你們的奇妙。因為你們往往同時在這三個層面做決定和選擇──而又並非相合無間。

你們常常身體要某一事，心尋求的是另一事，靈渴望的卻又是第三種。這種情況尤其在孩子身上可以看到，因為他們還沒有成熟到足以分辨哪些是對身體「好玩」的事，哪些是對心有意義的事，更不用說哪些是跟靈共鳴的事了。所以，小孩子會在馬路上晃蕩。

而我，身為神，我覺察到你們所有的選擇──甚至那些你們潛意識中所做的選擇。我絕不會去干涉，而是促成。我的任務就是確保你們的選擇得到允許。（事實上，是你們允許你們自己。我所做的只是設置一個系統，使得你們可以這樣做。這個系統叫作創造歷程，我曾在第一部裡詳加說明過。）

當你們的選擇互相衝突──當身、心、靈不是一體運作──創造歷程就在所有的層次同時運作，產生混雜的結果。如果你的生命是和諧的，你的選擇是一致的，則令人驚奇的成果便會產生。

你們的年輕人有一句話：「樣樣搞定。」──這可用來形容這合一的狀態。

你們做決定時，層次中還有層面，在心的層次尤其如此。

當你們的心智在做決定時，至少它是從內在的三個層面中做選擇的，也就是邏輯、直覺與情緒。而有時它是由這三個層面一同做決定的，因此可能製造出內在的衝突。

而在情緒這個層面中，又有五個層面。這即是五種自然情緒：悲傷、憤怒、羨妒、恐懼和愛。

在這五種情緒中，又有兩種最終情緒，就是愛與恐懼。但愛與恐懼卻是所有這些情緒的基礎，其他三種情緒是由這兩種情緒所衍生的。

推到最後，所有的意念都是由愛或恐懼所推動。愛與恐懼乃是兩大極端。這是原初的二元對立。一切到最後不是落入其一，就是落入其二。所有的思想、觀念、概念、領會、決定、選擇與行動，最後都以其中之一為基礎。

而推到最後的最後，真正卻只有一個。

愛。

事實上，愛是所有的一切。即使恐懼，也是愛的衍生物，而當恐懼得到得當的運用時，就表達了愛。

恐懼表達了愛？

如果以其最高形式，沒錯。一切事物當以其最高的形式表達，都表達了愛。

那在車輛奔馳的馬路上救出孩子的父母，表達的是恐懼還是愛？

嗯，兩種都有，我想。為孩子的生死恐懼，而愛——則足以使他們冒著自己性命的危險去搶救孩子。

正是。所以從這裡可以看出，恐懼的最高形態可以變為愛……是愛……而以恐懼表達出來。

同樣的，依自然情緒的音階而上，憂愁、憤怒與羨妒，也都是恐懼的某種形態，而轉過來又都是愛的某種形態。

其一導致其二，你明白嗎？

當這五種自然情緒的任何一種被扭曲時，問題就會產生。它會變得怪異，無法認出是愛的產物，更不用說是神的產物——而神乃是絕對的愛。

這自然五情之說，我從伊麗莎白．庫布勒．露絲博士（Dr. Elizabeth Kubler-Ross）那裡聽過；與她的交往讓我獲益良多。

沒錯。是我給她靈感，讓她談論自然五情。

所以，當我做選擇時，有賴於「我來自何處」，而我所來自之處，又可能有數層之深。

沒錯，正是如此。

請再教教我這自然五情，因為伊麗莎白所教我的，我大部分已經忘了。

悲傷是一種自然情緒。是這種情緒，讓你在不想說再見時說再見，在遭遇到任何一種損失時，表達出內心的悲痛。那損失可以是失掉你所愛的人或者是隱形眼鏡。

當你的悲傷可以表達時，你就除去了它。孩子們在感到悲傷時，如果可以表達悲傷，長大後對於悲傷就有非常健康的態度，因之往往很快就可度過悲傷。

那些被大人說「不行，不行，不准哭！」的孩子，長大以後卻無法宣洩。因為從小他們就被人告誡，終其一生都不可哭泣。因此他們就壓抑他們的悲傷。

悲傷長期被壓抑，會變成慢性抑鬱，是非常不自然的情緒。

人會因慢性抑鬱而殺人，發動戰爭，毀城滅國。

憤怒是一種自然情緒。它是讓你說「不，謝了。」的原因。它不一定有辱罵之意，不一定有傷人之意。

如果允孩子表達他們的憤怒，他們長大後，對憤怒就有一種健康的態度，通常也容易度過憤怒的時刻。

如果讓孩子覺得發脾氣是不對的，甚至根本不應該生氣，則他們長大以後，就很難處理自己的憤怒情緒。

憤怒如果持續被壓抑，就會變成暴怒，而這是非常不自然的情緒。

人會因暴怒而殺人，發動戰爭，毀城滅國。

羨慕是一種自然的情緒。這是使五歲的小孩想要像姊姊一樣可以搆到門把，或騎腳踏車的情緒。羨慕是那使你想要「再做一次」的自然情緒；是使你一試再試，不屈不撓，直到達成的情緒。羨慕是非常健康的，非常自然的。如果讓孩子表達他們的羨慕，長大之後，他們就對這種情緒有非常健康的態度，很容易度過這種情緒。

如果讓孩子覺得羨慕不好，不應當表達，甚至根本不應當有這種情緒，則長大之後，他們就很難處理這種情緒。

羨慕如果持續受到壓抑，就會變成嫉妒，而嫉妒是非常不自然的情緒。

人會因嫉妒而殺人，戰爭因之而起，毀城滅國。

恐懼是一種自然情緒。所有的嬰兒都生而僅僅具有兩種恐懼：害怕跌下去，害怕很響的噪音。其他的恐懼都是由學習而來的反應，是由環境帶給孩子的，是由父母教給孩子的。自然的恐懼是為了讓人小心，小心是為了讓身體可以活下去，它是愛的衍生物，對自己的愛。

如果讓孩子覺得恐懼是不對的，是不應該表達的，甚至根本不應該有這種情緒，則他們長大以後，就很難處理這種情緒。

恐懼如果持續被壓抑，就會變成驚恐，而驚恐是非常不自然的情緒。

人會因驚恐而殺人，戰爭因之而起，毀城滅國。

愛是一種自然情緒。如果讓孩子可以自然的表達與接受，不加限制，不加條件，不被禁止，不感困窘，則它可以什麼都不再要。因為以這樣的態度表達與接受的愛，其本身就完滿自足。然而，愛如果受到限制，被設下條件，由規範與儀式捆綁扭曲，被操縱和制止，就會變得不自然。

如果讓孩子覺得他們自然的愛是不好的，是不該表達的，甚至是不該有的，長大以後，他們就會難以處理這種情緒。

愛如果持續被壓抑，就會變成占有，而這是非常不自然的情緒。

人會因為占有而殺人，戰爭因之而起，毀城滅國。

而當這些自然的情緒被壓抑，就會造成不自然的反應。大部分人的大部分自然情緒卻都受到壓抑。然而，這些情緒卻是你們的朋友。它們是你們的禮物。它們是你們神聖的工具，用以雕塑你們的經驗。

你們生而具有這些工具。它們是幫助你們安度生命的。

那為什麼大部分人的這些情緒都被壓抑？

他們被人教以如此。

誰教他們如此？

他們的父母，那些養育他們的人。

為什麼？為什麼父母要這樣做？

因為父母又被他們的父母教以如此，代代相傳。

對，沒錯。可是為什麼？究竟原因何在？

原因是，你們不是當父母的料。

什麼？誰「不是當父母的料」？

母親與父親。

母親與父親不是當父母的料？

當父母親還年輕時，他們不是，大部分父母親都不是。事實上，有這麼多父母親當得還不錯，已經是奇蹟了。

沒有任何人比年輕父母更不適合養育小孩子，也沒有任何人比年輕父母更知道這一點。大部分父母在做父母時，生活經驗還不夠，他們連自己都沒法照顧。他們仍在找尋答案，仍在尋求線索。

他們甚至連自己的自我也還未能發現，卻要試圖去引導和培育那比他們更容易受傷的人去發現自我；他們甚至連自己都還不能定義，竟要被迫去定義別人。他們仍舊在力圖把自己父母給他們的不當定義剝除中。

他們甚至連自己是誰都還沒有發現，卻試圖告訴你你是誰。但壓力是如此之大，以致他們無法站直——何況他們甚至也無法使他們的生活「走對」。因此，他們就把所有的事情都「弄錯」了；把他們的生活以及他們孩子的生活都弄錯了。

如果他們幸運，對孩子的傷害還不至於太大。他們的孩子可以克服——但很可能是在對他們的孩子已經造成傷害之後。

你們大部分人，是在你們養育孩子的時期已經過了好多年後，才獲得做妙爸爸、妙媽媽所必備的耐心、智慧與愛心的。

為什麼會這樣？我不懂。我知道你的觀察在很多方面是對的。但我不懂為什麼會這樣。

因為年輕的生育者從來就不該成為養育者。你們養育兒童的年齡實在是在現在養育兒童的年齡過了之後才開始。

我還是有點搞不清楚。

在生理上，人類在自己還是兒童時，就有能力生育兒童了。然而可能會讓你們大部分人吃驚的是，人類的童年期其實是延續到四十歲或五十歲。

人類有四十年或五十年自己都是「兒童」？

從某個角度來看，沒錯。我知道要把這個看法當成你們的真理很困難。但是看看你的四周，人類的行為或許可以證明我的看法。

問題是，在你們的社會，你們被教導說，在二十一歲時已經「成人」，已經準備好邁入世界。使得問題更加嚴重的是，你們的父母親在開始養育你們時，有許多比二十一歲大不了多少。這樣你就可以明白問題的嚴重性了。

如果生孩子的人本意就是要成為養育孩子的人，則生孩子的事就必須要到你們五十歲以後才行！

生孩子的事應由年輕人去做；那是因為他們的身體已經發育好了，強壯了。養孩子的事應由年長的人去做，那是因為他們的心智已經發育好了，強壯了。

但在你們的社會，你們卻堅持生孩子的人必須負責養育孩子——結果是，你們不但使得做父母十分艱困，也把環繞著性的許多能量給扭曲了。

呃……可不可以再解釋一下？

當然可以。

許多人都已觀察到我所觀察到的事實。也就是說，許許多多人——或許絕大部分的人——在有能力生孩子的時候，還不真正有能力養育孩子。然而，在人類發現了這個事實後，卻選了正好錯誤的途徑。

你們本應讓年輕人去享受性的歡樂，若生了孩子，則由年長者帶養；你們卻告訴年輕人，除非他們準備好負起養育孩子的責任，否則就不要從事性生活。你們讓他們認為在此之前有性經驗是「錯」的，因而在性的周圍造成了一層禁忌，然而，性卻本是人生最歡天喜地的事情之一。

當然，這種禁忌是後生幾乎不會去理睬的，而理由頗為得當。因為去遵從這種禁忌，根本是不自然的。

人類在感受到內在的訊息告訴他們已經準備好時，就渴望著配對與交合。這是人的天性。然而，他們對自己天性的看法，卻十分有賴於父母怎麼告訴他們，這比他們內在的感覺還更有分量。你們的孩子期望你們告訴他們，人生是怎麼回事。

因此，當他們開始想要偷看對方，想要純真的跟對方玩耍，想要探測對方的「不同」時，他們就期待父母給他們訊號。看他們的這種天性是「好」的？還是「壞」的？是受贊許的？還是要被捏死了，要受挫折的？

從觀察得知，對於人性的這一部分，許多父母告訴他們孩子的話，都是旁枝末節，就是不指向問題的核心。什麼別人怎麼說的啦，宗教怎麼說的啦，社會怎麼看的啦等等。

你們這一物種的自然秩序是，性在九歲到十四歲間開始萌芽。十五歲以後，大部分人都已具備性別而且表現出來了。於是，開始了與時間的競賽：孩子拚命向前，要把歡樂的性能量做充分的釋放，父母則拚命阻止。

在這場鬥爭中，父母處於先天弱勢，因為，他們想要孩子不去做的，正是天性中的事。他們是逆天而行。

因此，大人們發明了種種家庭的、文化的、宗教的、社會的和經濟的限制、說詞與壓力，以便讓自己對孩子的要求顯得正當。因此孩子漸漸接受自己的性是不自然的觀念。但「自然的」事怎可能這麼被羞辱、被制止、被控制、被否定呢？

嘿，我想你有點誇張了。你不覺得你有點誇張嗎？

真的？對於四、五歲孩子身上的某一部分，做父母的竟然連正確的名稱都不肯用，你想對這孩子會有什麼樣的衝擊？你們怎麼告訴孩子你們這一部分的舒服程度？而你們又認為他們這一部分的舒服程度應該是怎樣？

呃……

對，就是「呃」……

是啊，就像我祖母常說的：「我們是不用那些字的。」我們只說「噓噓」「屁屁」——這聽起來好多了。

只因為你們對身體這部分的名稱添加了太多負面的「包袱」，所以你們極少在平常的談話中用這些字。

當然，孩子們在年幼的時候，搞不清楚父母為什麼會這樣；他們只是留下不可磨滅的印象，認為身體的某些部分「碰不得」「說不得」，凡是與它們有關的，都讓人難堪——如果不是「錯」的話。

等孩子慢慢長大，到了十幾歲的時候，他們會發現，事實並非如此；但那時你們又會以非常清楚的言詞告訴他們，性生活會讓人懷孕，他們如何必須負起養育孩子的責任，因此，他們就有了另一種性是「不對」的理由，於是循環完成。

你們的社會之所以不僅是小有混亂，而是瀕臨浩劫，正是因為你們愚弄自然——愚弄自然的結果永遠是如此。

你們製造了性尷尬，性壓抑，性羞愧——因而導致性禁忌、性失調和性暴力。

就以一個社會而言，凡是你們覺得尷尬的，永遠都被禁止；凡是被壓抑的，永遠都會失調；而凡是內心明明覺得不該羞愧的事，卻必須羞愧的，永遠都會引發暴力以為抵抗。

那麼，佛洛伊德有些話是對的了。他說，人類的憤怒有許多成分跟性有關——某些基本的和自然的生理本能、興趣與渴望，因被壓抑而產生內心深處的憤怒。

你們的許多精神病學家都做過這樣的診斷。人因為明明知道他覺得那麼好的事情不該感到羞恥，卻又真的感到羞恥與罪惡，因此憤怒。

首先，對於你「應該」認為那麼「壞」的事覺得那麼「好」，這就讓人會跟自己生氣。

然後，當他們終於明白他們被騙了——原來性是人的經驗中美妙的、可敬重珍惜的、光輝燦爛的部分——他們就開始惱怒：惱怒父母對他們的壓抑；惱怒宗教對他們的羞辱；惱怒異性對他們的挑釁；惱怒整個社會對他們的控制。

最後，他們開始惱怒自己，竟然允許所有這些人與事來禁止他們。

這種被壓抑的憤怒，大部分都用來建構社會扭曲的、誤導的道德價值——這個社會用紀念碑、雕像、郵票、電影、圖畫、攝影和電視節目歌頌與推崇世界上最醜陋的暴力，卻隱藏世間某些最美麗的愛之行為——更糟的是，使它們看來低賤。

而所有的這些——所有的這些——都是由一個意念產生：那些生孩子的人，必須獨自承擔養育孩子的責任。

但如果生孩子的人不負責養育孩子，誰該負責？

整個社會，特別是年長的人。

年長的人？

在大部分進步的民族和社會中，是年長的人養育孩子，教育孩子，訓練孩子，將民族與社會的智慧、教誨與傳統傳給孩子。以後在我們講到這些進步文明時，我還要再談這件事。

凡是年輕人生小孩不被視為「不對」的社會——因為在這樣的社會，年長者會養育小孩，因此不致有不勝負荷的責任與負擔——性的壓抑是聞所未聞的事，同樣，強暴、性異常、性功能失調，也是聞所未聞的。

我們的地球上有這樣的社會嗎？

有，但正在消失。你們想要掃除他們，同化他們，因為你們認為他們是野蠻人。在你們所稱的非野蠻社會，孩子（妻子、丈夫也同樣）被認為是財產，是私有物，因此生孩子的人必須成為養育孩子的人，因為必須照顧自己「所擁有」的東西。

你們的許多社會問題，根本上出自你們的一個觀念，認為妻子與兒女是私有物，認為他們是「你」的。

以後當我們探測與討論高等演化的生命時，我們會再談整個的「所有權」問題。但是目前，先讓我們把這個問題想一想：有任何人在生理上可以生孩子的年齡，就已經在心理上準備好了要養孩子嗎？

事實是，大部分人類到了三十、四十仍未具備養孩子的能力，而且也不應期盼如此。他們自己還沒有活到可以把深刻的智慧教給孩子的階段。

我聽說過這類的想法。馬克吐溫就曾提過。有人曾聽他說：「我十九歲的時候，我爸爸什麼都不知道。但當我三十五歲時，很吃驚這老人已經那麼有見地。」

他說得好。你們年輕的時候並不是要去教導真理的，而是要去蒐集真理。在你們還沒有蒐集好真理的時候，怎麼可能去教導真理呢？

當然是不能。因此你們就只得把別人教你們的真理教給他們——你們父親的、母親的、社會的、宗教的。不論什麼，亂七八糟都有，只是沒有你們自己的。因為你們自己還在尋找。

而你們會一直找尋，一直實驗，一直發現，一直失敗，形成又改造你們的真理、你們對自己的觀念，一直到你在這星球上半個世紀或近乎半個世紀之久。

然後，你們才在自己的真理中安身下來。而你們每個人所承認的最大真理，可能就是根本沒有恆常的真理；真理，像生命一樣，是一種改變著的、成長著的、演化著的東西——在你剛以為演化的過程已經停止時，它卻沒有，卻真的剛剛開始。

沒錯，我已經到了這個年齡，我已經五十多了，我已經到了這個階段。

嗯，你現在是個比較聰明的人了，是個長者了，現在你該養育孩子了。或說得更正確些，從現在算起十年。養育後代的應該是長者，而天意也本是如此。

懂得真理與生命的是長者。他們知道何者重要，何者不重要。他們知道內外合一、誠實、忠誠、友誼與愛，這些用詞究竟是什麼意思。

我明白你此處的論點。雖然難以接受，但我們有許多人卻真的在有了自己的孩子以後，才開始剛剛從「孩子」走向「學生」的階段，但此時，我們卻發現我們必須開始教孩子。所以，我們就想，那我們就教他們我們父母教我們的吧。

於是，父親的罪就會落到兒子身上，甚至要落到第七代。

我們怎麼樣才能改變？怎麼樣才能終止這循環？

把養育孩子的責任交到可敬的長者身上。父母想要看孩子，任何時候都可以去看，只要願意，任何時候都可以跟孩子住在一起。但不再獨自負起養育和照顧孩子的責任。孩子的生理需求、社會需求與精神需求，由整個社會來供應，教育與價值觀由長者給予。

日後當我們談到宇宙中其他文明時，將會討論一些新的生活模式。但那些模式在你們目前構鑄的生活中無法運作。

你的意思是？

我的意思是，你們不只做父母的方式無功效，整個的生活方式都是如此。

請再解釋一下。

你們彼此遠離。你們撕裂了家庭，支解了小型的社群，而投向大城市。「部落」、族群或社群，將對群體的責任視為自己的責任，但在大城市卻人多，群少。結果，你們便沒有長者，至少不能在近處求得。

更糟的是，你們不僅遠離長者，而且把他們推到一邊，把他們邊緣化，把他們的力量撤走，甚至恨他們。

沒錯，你們社會中的某些成員甚至恨年長者，聲稱他們在吸社會的血，要求的權益使你們年輕人付出的稅捐越來越多。

沒錯。有些社會學家就預言將有世代戰爭，年輕人指責老年人要求越來越多，貢獻卻越來越少。現在已經有許多年老公民了，等「戰後嬰兒潮」都年老以後，問題更嚴重，因為這一代的壽命一般更長。

然而，如果說你們的年長者沒有貢獻，那是因為你們不讓他們貢獻。當他們正能夠對公司做出某些好成績時，卻強迫他們退休；當他們的參與正能夠為活動帶來某些意義時，你們卻迫使他們從活躍的、有意義的參與中退出。

不但在養育孩子方面，就是在政治上，經濟上，甚至宗教上，你們都變成了年輕崇拜、老人遺散的社會，而原先在這些方面，年長者至少有其立足點。

你們的社會也變成了一種單數社會，而非多數社會。也就是說，你們的社會是由個體組成的，而非由群體。

由於你們把社會個體化和年輕化，你們便失去了它的豐富與資源。現在你們是既不豐富又無資源，太多太多的人活在情感與心理的貧乏和破敗中。

那我要再問：有沒有辦法可以結束這種循環？

首先，看清並承認這是事實，你們有太多的人生活在不承認中。你們有太多的人，把本來就是這樣的情況裝作根本不是這樣。你們睜眼說瞎話，自己不肯聽事實的真相，更不用說去傳播。

稍後，等我們講到高度演化的生物時，我們還要再談這一點，因為未能觀察到、未能承認實情，並非小事。如果你們真想改變現況，我希望你們允許自己聽聽我的話。說真話的時刻業已到來；單純而明白的。你準備好了嗎？

準備好了，這就是我為何來與你相會。這就是整個這三部書的對談何以會開始的理由。

真理與實情往往令人不舒服。只有那些不想忽視的人，真理與實情才令他們感到寬慰；不但令他們感到寬慰，而且能激發他們，給予他們靈感。

對我來說，這整個三部曲都是激發我、給予我靈感的。請說下去。

我們有很好的理由可以樂觀。我觀察到事情已在開始改變。在你們這物種中，越來越有人強調社區的重要性，建構擴延式家庭。你們也日漸尊崇長者，在他們的生活中建造意義與價值，並從他們生活中求取意義與價值。這是在極有益的方向上前進了一大步。

所以，事情在「轉頭」。你們的文化似乎已採取步驟，而現在開始前進了。

這些改變不可能一日即成。比如，雖然你們養育孩子的方式，是目前思想的肇因，你們卻不可能一下子把它全部改變。然而，你們卻可以一步一步的改變你們的未來。

讀這三部曲是步驟之一。在我們談話結束前，這部書會再三的反覆重點，這些複述不是出於偶然，而是為了強調。

由於你問到該如何建構你們的明日，現在就讓我們先看看你們的昨日吧！

2 生命的一切都是SEX

過去跟未來有什麼關係？

當你們知道了過去，就能更知道未來可能是什麼樣子。你問我如何可以過更好一點的生活。如果你知道你是如何走到目前的地步，就會對你很有用。

我要跟你談談權力與力量，以及兩者之間的差別。我要跟你聊聊你們所發明的撒旦這號人物，聊聊你們怎麼發明了他，又為什麼會發明他；也會談談你們為什麼決定你們的神是「他」，而不是「她」。

我要跟你說說我真正是誰，而非你們在神話中所說的我是誰。我要以這樣的方式形容我的本體（Beingness），以致讓你們願意用宇宙論——關於宇宙的真實論說，以及宇宙與我的關係——來取代你們的神話。我要讓你們知道，什麼是生命與生活，它如何運作，為什麼以它運作的方式運作。這章要講所有這些事。

當你們知道了這些，你們就可決定，什麼是你們人類所創造的事物中你們想要揚棄的。因為我們談話的這第三部分——這第三部書——主要就是在建立一個新的世界，創造一個新的實相。

我的孩子們，你們在自設的監獄中已經生活得太久了，現在已是放自己自由的時候。

你們監禁了你們的五種自然情緒，壓抑它們，把它們轉變為非常不自然的情緒，因而把不幸、死亡與破壞，帶到你們的世界。

在你們這個行星上，許多世紀以來的行為模式是：不可「縱容」情感。如果你們覺得悲傷，那就打發掉它；如果你們覺得憤怒，那就塞住它；如果你們覺得羨慕，那就以此為恥；如果你們覺得恐懼，那就克服；如果你們覺得愛，那就控制它、限制它，等它過去，或逃跑——竭盡所能不要表達，盡快、馬上、立時立地的把它剷除。

事實上，你們把你們的神聖本我囚禁了起來，現在是把你們的本我釋放出來的時候了。是放你們自己自由的時候了。

我開始振奮起來了。我們要怎麼開始？從哪裡開始？

在我們對如何走上這條路的扼要研究中，讓我們先回頭看看你們的社會重新結構它自己的那個時候。這是男人成為支配者的時候，他們決定不應當展現情感——甚至在某些情況下根本不應該有情感。

你說：「當你們的社會重新結構它自己的時候」——請問是什麼意思？我們這裡在說的是什麼？

在你們歷史的早期，你們在這個星球上的社會是母系社會。後來發生了轉變，產生了父系社會。當你們做了這種轉變時，你們就告別了對情感的表達。你們對表達情感加上了「脆弱」的標籤。就是在這個階段，男人也發明了魔鬼和雄性的神。

男人發明了魔鬼？

沒錯。撒旦基本上是男性的發明物。到最後，社會上所有的一切都跟著跑。但背離情感，發明「惡魔」，卻全然是出自對母系社會的背叛，而在母系社會中，女人是以情感來統御一切。那時女人持有一切政府職位，所有的宗教權位，以及商業、科學、學術和醫療方面所有具影響力的職位。

那男人有什麼權力呢？

沒有。男人必須為自己的存在找理由，因為除了使女人的卵受精外，只有去搬動沉重的東西。他們很像工蜂、工蟻。他們做粗重的體力工作，並確保孩子可以生養出來，而且受到保護。

過了千百年，男人才在社會的組織中為自己找到和創造出較大一點的位置。即使參加部族內部的事務，在社團的決定中有發言權和表決權，也是千百年之後才有的事。因為婦女不認為男人有能力懂得這些事務。

好傢伙，很難想像有一個社會純粹基於性別差異，而不准整個一半的人有表決權的。

我倒很喜歡你對這件事的幽默感。真的。我要繼續講下去嗎？

請說。

又過了許多世紀，男人才想要實際上去持有某些領袖職位，希望有機會為此等職位表決。在他們的文化中，其他有影響力和權力的職位，也一概是沒他們份的。

當男人最後終於取得了社會的權勢，超出原先的地位，不再只是嬰兒製造者和奴工後，卻不對女人報復，反而給與婦女一切人類所應得的尊重、權力和影響力，不以性別而有差異，實在是男人的雍容大度，可讚可歎！

你這也很幽默。

哦，抱歉。我說錯了星球了嗎？

讓我們言歸正傳。但在說「魔鬼」的發明之前，讓我們先說說權力。因為撒旦之所以被人發明出來，關鍵全在於此。

你要說在目前的社會，男人握有所有的權力，是嗎？但讓我先跳到你前頭，告訴你我認為這是怎麼發生的。

你說在母系時代，男人很像工蜂在服侍女王蜂。你說他們做粗重的活，確保兒童可以生育和受到保護。但我想要說的是：「那又有什麼改變？他們現在還不是在做這個？」我可以打賭，許多男人都會說，實際上並沒有多大改變——除非是，男人為了維持他們那「沒人領情」的職位，而抽取了一些代價罷了。他們確實是權力更多了些。

其實，是大部分的權力。

好吧，大部分的權力。但此處我看到的諷刺則是，兩性都覺得自己做的事沒人領情，而異性則得盡方便。男人惱恨女人想把權力奪回，因為男人認為他們既為社會做那麼多事，卻沒有權力，鐵定死得很慘。

女人則惱恨男人掌握了所有的權力，認為自己既然為社會做了那麼多事，卻仍舊無權，也鐵定死得很慘。

你分析得很正確。如果男人女人仍在自我的不幸中反覆打轉，他們就都會死得很慘；唯一的希望是，男方或女方，或雙方都看出，人生的關鍵不在權力，在力量。唯一的希望是雙方都看出關鍵不在分別，而在合一。因為內在的力量是存在於合一中，卻消失在分別中。分別讓人感到虛弱、無力——因而去爭權奪利。

我告訴你們：療癒你們的分裂，終止你們的分別幻象，你們將重獲內在力量之源。在那裡，你們才能找到真正的權力，做一切的權力；是一切的權力；有一切的權力。因為創造的權力是由內在的力量產生，而內在的力量是由合一產生。

你跟你的神之間的關係是如此；你跟你的人類同胞之間的關係顯然也是如此。

如果不再認為你們是分離的，則由合一而產生的一切真正內在力量，就可任憑你們揮舞——不論是以整個社會而言，還是以全體中的個體而言，都是如此。

然而你要記得：

權力來自內在力量，內在力量並非來自赤裸裸的權力。而在這一點，大部分世人卻都顛倒了。

沒有內在力量，權力只是幻象；沒有合一，內在力量只是謊言。謊言對你們的物種是沒有好處的，卻已深深扎根在你們的集體意識裡。因為你們以為內在力量來自個體與分別，實情卻根本不是如此。跟神分離，跟人互相分離，就是你們失調與痛苦的肇因。然而，分離卻依舊偽裝成力量，而你們的政治、經濟，甚至宗教，卻仍舊在支撐這種謊言。

這種謊言造成一切戰爭和一切導致戰爭的階級鬥爭；導致種族對立，兩性對立，以及造成對立的一切權力鬥爭；導致個人的苦難，以及造成苦難的一切內部鬥爭。

然而，你們卻仍舊頑固的緊緊抓著這謊言，而不論你們看到它把你們帶向何方——即使把你們帶向毀滅。

現在，我要這樣告訴你們：去認識真相，真相會使你們自由。沒有分別。互相之間沒有，與神之間沒有，與一切之間都沒有。

在這部書中，我將一再的述說這項真理，我將一再的做這樣的觀察。你們的所作所為，要如你們跟任何東西都沒有分別，跟任何人都沒有分別，如此，則明天你們就可以治癒全世界。

這就是一切時代最大的秘密。這就是人類千年萬年所尋求的答案。這就是人類致力的解決之道，這就是人類所祈求的啟示。

所作所為，如你們跟任何東西都沒有分別，你們就能治癒世界。

要明瞭，那是與人協同去做的權力，而非制馭人的權力。

謝謝你。我明瞭了。那麼，讓我們再回頭看：一開始是女性具有制馭男性的權力，而現在則是相反。是男性發明了魔鬼，以便奪取女性族長的權力？

沒錯。他們運用恐懼，因為恐懼是他們唯一具有的工具。

那我又要說了，其實改變真的不多。男人到今天還是如此。有時候，連試都沒試著訴諸理性，男人就在運用恐懼了。尤其是大一點的男人，強一點的男人。（或是大一點、強一點的國家。）有時候，那似乎實際上是扎根在男人心中；那似乎是深入到他們的細胞。強權就是公理，力量就是權力。

沒錯，自從母系社會被推翻後就是如此。

怎麼會變成這個樣子？

我們現在要談的人類簡史就是要講這個。

那麼就請說吧。

在母系社會時代，男人為了獲得控制權，必須要做的，不是說服女人多給男人權力以便控制女人，而是要去說服其他男人。

畢竟，那時候生活過得平平順順，男人只是做做體力工作，讓自己有價值，然後有性；不然，他們其實也可能過得更壞。所以，要那些沒有權力的男人去說服其他沒有權力的男人去尋求權力，並不是容易的事，直到他們發現了恐懼。

恐懼是女人所沒有料到的。

這恐懼，最初是以懷疑為種，由男人中最不滿的撒種。男人中也總是有那些最「沒人要」的、肌肉最不發達的、最不討人喜歡的——也就是那些女人最不會去注意的。

我敢打賭，就因為情況是這樣，所以他們的抱怨，就被認為是由於性挫折而來。

沒錯。不過，這些不滿的男人必須去運用他們唯一的工具。因此他們就從懷疑的種子中培育恐懼。如果女人錯了呢？他們這樣問。如果女人對世界的治理不是最好的呢？如果女人對世界的治理正好是把整個社會——整個人類——帶向毀滅又怎麼辦？

這是許多男人無法想像的。女人，不是女神的直系後裔嗎？不是女神的精確複製嗎？而女神不是善的嗎？

這樣的認識是如此有力，如此普及，以致男人除了去發明一個魔鬼——撒旦——以外，無以抗衡母系社會全民崇仰的偉大母親之無盡的善。

那他們如何去說服其他人，讓大家相信有這麼一種「邪惡者」呢？

他們的社會所能了解的是「爛蘋果」理論。就連女人也從經驗中看到、知道有些孩子，不管她們如何用心教養，就是會「變壞」。尤其是男孩，就是無法管住；這是任何人都知道的。

就這樣，一則神話被創造了出來。

那神話說：有一天，眾女神之女神，偉大母親，生了一個孩子，沒有變好。不管她怎麼做，那孩子就是無法變好。最後，他竟然還要爭奪她的寶座。

即使對充滿愛、充滿寬恕的母親，這也太過分了。於是，那男孩被永遠放逐——但是他還是會在聰明的偽裝下出現，有時甚至偽裝成偉大母親本身。

這則神話設下了基礎，讓男人產生疑問：「我們怎麼知道我們所崇拜的女神真的是女神？也可能是那壞孩子現在長大了，要來愚弄我們。」

由於這個設計，男人遂可以使別的男人也擔心起來，接著又惱怒女人不把他們的擔心當真，於是他們就背叛了。

你們現在所稱為的撒旦，就是這樣被創造出來的。創造一則「壞孩子」的神話並不難，甚至讓族裡的女人相信這樣一種造物的存在，也不難。要讓任何人相信這壞孩子是男孩，也無任何困難之處。男性不是較差的一性嗎？

這一個設計是為了造成一個神話上的問題：如果「壞孩子」是男性，如果「邪惡者」是雄性，則誰可以制服他呢？當然不可能是女性的神。因為，散播者很聰明的宣揚道：智慧、洞察、明晰、憐憫、計畫、思想，無疑是女性較優越。然則如果以赤裸裸的力量而言，則不是需要男性嗎？

原先在女神神話中，男人只不過是配偶——女人的伴，做著僕人的工作，並在歡慶他們女神的美好中滿足他們的渴望。

但現在卻需要做得更多的男人：除了可以保護女神，還能打敗敵人。這種改變並非成於一夕，而是經年累月。慢慢的，非常緩慢的，社會上的人開始認為男性伴侶在其精神神話中也是保護者了，因為現在女神需要受到保護，既然如此，則顯然一位保護者是必要的。

男人從保護者的身分跳到平等伙伴的身分就並非一大步了。於是，他現在與女神平起平座。男神被創造出來，有一段時間，男神們與女神們共同君臨神話。

漸漸的，男神們又被賦予了更多的任務。對保護與力量的需求，漸漸凌駕了對智慧與愛的需求。在這樣的神話中，一種新的愛產生了：用蠻橫的武力來保護他人。但這是對所保護的對象有所覬覦的愛；對其所保護的女神有所嫉妒。至今不僅是去滿足他們對女性的欲望，並且為此欲望而戰、而死了。

於是這樣的神話開始出現：有巨大能力的男神們，為了女神們不可言說的美而爭執與打鬥，於是產生了嫉妒的男神。

精采。

等等。快說完了，還有一點點。

男神們的嫉妒不久就不僅為女神們而發，而擴及一切造物。這些嫉妒的男神要求道：我們最好是愛祂，而不要愛任何別的男神——不然的話，有你好看！

由於男性是最有威力的物種，而男神們又是男性中最有威力的男性，所以，在這新的神話中，幾乎沒有什麼可以爭辯的空間了。

那些爭辯而失敗的故事開始產生，憤怒的神誕生了。

不久，關於神的整個觀念都被顛覆了。神不再是一切愛之源，而變成了一切恐懼之源。

原先愛的模式被取代了：原先主要是女性的愛——母親對孩子無盡寬容，甚至是女人對她那不怎麼樣的、但還算有用的男人的寬容——現在被予取予求、不寬容的男神的嫉妒與憤怒之愛所取代了；這男神是不允許干擾的，不允許不唯命是從的，不會不在乎任何冒犯的。

體驗著無限制的愛、溫柔的臣服於自然法則的女神那怡然的微笑，於今被不那麼怡然的男神那嚴厲的表情取代了；這男神宣稱有能力凌駕自然法則，對愛則強加限制。

這就是你們今日崇拜的男神，這就是你們今天走到的地步。

真是驚人。又有趣，又驚人。但你告訴我這些，又是為了什麼？

你們必須知道這一切都是你們製造出來的。「強權即公理」或「權力就是力量」這類觀念，都是從你們男人創造出來的神話中產生的。

憤怒的和嫉妒的神，都只是想像的產物。然而，由於你們想像得太久了，它變成了真的。到今天，你們還是有些人認為它是真的。但它跟最終的實相沒有關係，跟世間真正進行的事也沒有關係。

那麼是什麼？

真正在進行的是，你的靈魂渴望著去經歷靈魂所能想像的最高體驗。你的靈魂來到這裡就是為此目的——在它的經驗中去認識、去實現自己，也就是使它自己成為真正的自己。

接著，它發現了肉體的歡樂——不僅是性的，而是一切形式的歡樂——在它耽溺於這些歡樂之際，漸漸忘卻了精神的歡樂。

然而這些精神上的歡樂——比肉體所能給予的要大得多，但靈魂卻忘了這一點。

好吧。現在我們要告別歷史了，要再重回到原先所談到的問題。我們能把那問題再說說嗎？

其實，我們並沒有告別歷史。我們是在把樣樣東西合併起來。這其實再明白不過了。你靈魂的目的——它進入肉體的原因——是要去做、去表達你真正是誰。靈魂渴望這樣；渴望認識它自己，體驗它自己。

這種認識的渴望，是生命想要成為其本身。這是神，選擇要去表達其自身。你們歷史上的神，卻不是那真正是神的神。這是重點，你的靈魂是我藉以表達和體驗我自己的工具。

這不是很限制你的體驗嗎？

也會，也不會，這要看你怎麼做。你選擇什麼層次，你就以什麼層次表達和體驗我。有些人選擇非常恢宏的表達方式，這沒有比耶穌基督更高的了——雖然還有其他的人也達到同樣高的層次。

基督不是至高的榜樣？他不是神化作的人嗎？

基督是至高的榜樣，但他不是到達這最高狀態的唯一榜樣。基督是神化作的人，但他不是神唯一化作的人。

每一個人都是「神化作的人」。你是我，以你現在的形象表達。然而你不必擔心會限制了我；不必擔心你們自己是如何有限。因為我是不被限制的，永遠不會。你以為你是我所選擇的唯一形象嗎？你以為你們是我所賦予我之本質的唯一物種嗎？

我告訴你，我在每朵花中，在每片彩虹中，在每顆星辰中，在繞著每顆星辰旋轉的每顆行星，以及其上其內的一切事物中。

我是風聲，是你們太陽的溫暖，是每片雪花令人難以置信的獨特與完美。

我是老鷹飛翔的威儀，我是麋鹿在草原的純淨，我是獅子的威猛，我是長者的智慧。

我也不局限於僅只是你們星球上展現的萬象。你們並不知道我是誰，只是自以為知道而已。但不要以為我只局限於你們，或以為我的神聖本質——即至為神聖的精神（靈）——只賦予了你們。如果這樣，就是傲慢的想法，而且是不正確的。

我的本體（Beingness）在一切之中，一切，一切都是我的表現，一切即我的本性。沒有任何事物不是我；凡不是我的，就不可能存在。

有福的造物們，我創造你們是為了讓我體驗自己身為我自己經驗的創造者。

我想有些人會看不懂。請講得更詳細些，讓我們懂。

神有一個層面——就是我身為創造者的這個層面——是只有那非常特別的造物才可以創造的。

我不是你們神話中的男神，也不是女神。我是創造者——就是那行創造的。然而，我選擇在我自己的體驗中認識我自己。

正如我藉由雪花認識我的設計之完美，藉由玫瑰認識令人敬畏的美，我同樣藉由你們而認識我的創造力。

我給了你們有意識的創造你們經驗的能力，而此能力是我所具有的。

藉由你們，我可以認識我的每一層面。雪花的完美、玫瑰的令人敬畏之美、獅子的威猛、老鷹的威儀，統統具備在你們身上。我把這一切都賦予給你們，並且還多了一項：即去覺察這一切的意識。

因此你們有自我意識。這是給予你們的最大禮物，因為你們可藉此覺察到自己是自己——而這正是我之所以為我。

我是我自己，覺察到我自己是我自己。

這就是這句話的意思：我是那我是的。

你們是我那覺察的部分，被體驗到的覺察。

而你們正在體驗的（和我藉由你們正在體驗的）是我，並且創造了我。

我正在持續創造我自己。

這是否意謂神不是恆常不變的？這是否意謂你不知道下一刻你會是什麼樣子？

我怎麼能夠知道？你還沒有做決定呀！

讓我搞清楚，是我在決定這一切嗎？

沒錯。你就是在選擇是我的我。

你是我，在選擇我之為我——並在選擇我將要是的樣子。

你們所有的人、集體的，都在創造這個。你們各自以自己為基礎在這樣做，並且體驗；你們也以共同創造集體生活的方式集體的在這樣做。

我是你們全體的集合經驗！

你是真的不知道你的下一刻將是什麼樣子？

剛才我是逗著玩的說，我當然知道。你們一切的決定我都已知道，因此我知道我現在是誰，一向是誰，也知道我將永遠是誰。

你怎麼可能知道我下一刻要選擇的是什麼，做什麼，和有什麼呢？更不用說所有的人類將要選擇什麼了？

簡單。你們已經做了選擇。一切你們將是、將做或將有的，都已做了。你們此刻正在做！

你明白嗎？並沒有「時間」這個東西。

這一點，我們以前也討論過。

值得現在回顧一下。

好。請告訴我這是怎麼運作的。

過去、現在與未來，是你們構築的概念，是你們所發明的實相，以便去創造一個結構，在其中擺放你們的經驗。如果不是如此，你們（我們）所有的經驗都將會重疊。

實際上它們是重疊的——也就是說，在同「時」發生——只是你們不知道。你們把自己放在一個知覺的殼中，阻斷了整體實相。

關於這點，我在第二部中做過詳細解釋，回頭去看看那段資料，會對你有益，能使你們可以釐清這裡所講的內容。

這裡我要講的是，一切事物都同時發生，一切。所以，沒錯，我知道我「將是」「現在是」和「過去是」什麼。我一向（always）知道，也就是說，樣樣（all ways）知道。

所以，你可以明白，你們無法使我吃驚。

你們的故事——整個世間的戲碼——之所以被創造，是為了讓你們在你們自己的經驗中知道你們是誰。這也是為了讓你們忘記你們是誰，以便讓你們可以再度記得你們是誰並創造它。

因為如果我已經經驗到我是誰，我就不能創造我是誰。如果我已經有六呎高，我就不能創造我為六呎高。我必須比六呎矮一些──或至少自以為矮一些。

正是，你了解得很正確。由於靈魂（神）的最大欲望，就是體驗他自身為創造者，又由於一切都已被創造，因而除了找一條路忘掉一切我們的創造外，我們別無選擇。

我倒是很吃驚我們竟找到了一條路。試圖「忘記」我們全都是「一」，試圖忘記我們這「一」乃是神，必然會像試圖忘記屋子裡有粉紅大象一樣。我們怎麼會那麼入迷？

嗯，你觸到了一切肉體生活的秘密原因了。讓你們那麼入迷的是在肉體中的生活──而且也理當如此，因為畢竟那太精采了！

我們這裡用來幫助我們遺忘的，是你們某些人所稱為的快樂原則。

最高層次的，是於此時此地的經驗中，使你們創造你們真正是誰的那種快樂，並在下一個最華美的層次中再創造、再創造，又再創造你們是誰。這就是神的最高樂趣。

層次較低的快樂，是使你們忘記你們真正是誰的那種快樂。不要責備這較低的快樂，因為如果沒有它，你們就不能去體驗較高的。

這幾乎好像是說，一開始肉體的快樂使我們忘記了我們是誰，然後卻又變成那通道，藉由它，我們記得了我們是誰！

沒錯，你說得對。以肉體的快樂為通道，記起你是誰；這是把一切生命的基本能量透過身體而提升。

這就是有時你們稱為「性能量」的能量。它是沿著你們生命中的內在管道而提升的，直到你們稱為第三眼的區域。這區域在前額略後方，兩眼之間微微上面的部分。當你們提升這能量時，它會流遍全身，就像內在的高潮。

這是怎麼回事？怎麼做？

靠「想」的，我說的是真話，你們就順著你們稱為「脈輪」的內在通道往上「想」。生命的能量一旦經常上升，你就會對這經驗產生嗜好，正如你會對性有飢渴。

能量提升的經驗非常美妙。不久，它就會變成你們最渴望的經驗。然而你們永遠不會完全失去你們對能量下降的渴望，也就是對基本熱情的渴望；而且也不應這樣意圖。因為在你們的經驗中，如果沒有低的，就不能有高的；這點我已跟你們說過許多次了。一旦你到達高處，你就必須返回低處，以便再度體驗移向高處的樂趣。

這就是一切生命的神聖韻律。你們不僅把能量在自身內轉動，也在神的體內轉動更大的能量。

你們生而為較低的形式，卻向較高的意識狀態演進。你們其實是在神的體內提升能量。你們就是那能量。當你們到達最高狀態，充分的體驗了之後，你們就可決定下一步選擇何種經驗，在相對界域中選擇何處去經歷這經驗。

你也可能希望再度體驗你自己成為你的自己——畢竟這是了不起的經驗——如此，你可以在宇宙之輪（the Cosmic Wheel）上重新再來一次。

這跟「業輪」（karmic wheel）不一樣嗎？

不同，沒有「業輪」這種東西，它不是你們所想像的那樣。你們有許多人想像不是在踩輪子，而是踩踏車（treadmill，譯注：古時罰囚犯踩踏的）。在其中，你償還往日的債務，又努力不要造成新的。這就是你們有些人所稱的「業輪」。這跟你們不少的西方神學家的想法沒有多大不同，因為在這兩種模式中，你們都被看作沒價值的罪人，想尋求純潔，以便轉往下一個精神層次。

但我這裡所說的經驗，我稱它為宇宙之輪；因為沒有價值、還債、懲罰和「淨化」這類的事。宇宙之輪純粹是對終極實相的描述，這實相或許你們可稱為宇宙真相。

這是生之循環；有時我稱它為「歷程」。這是萬物無始無終之本質的寫照；它是持續向一切去、自一切來的通路，在這通路上，靈魂歡歡欣欣的行遍永恆。

這就是一切生命的神聖韻律，以此你們推動神的能量。

哇！我還從沒聽過這麼清楚的解釋呢！我從不曾以為自己可以把這些搞得這麼明白！

嗯，沒錯。清楚，是你在這裡所要體驗的，這是我們對話的目的，我很高興你達到了。

但你說事實上在宇宙之輪並沒有「高」與「低」。怎麼可能！它是輪子，不是梯子。

說得好。真是一個精采的比喻，精采的領會。因此，不要責備人的生命中你們所謂低的、下等的、動物的本能，而應祝福它們，尊崇它們，因為透過它們，藉著它們，你們找到了回家的路。

這會讓許多人放下他們關於性的罪惡感。

這就是為什麼我說，要跟性、要跟生命的一切玩耍，玩耍，玩耍！

把你們所謂的神聖與所謂的褻瀆混而為一吧！因為除非你們把聖壇視為愛的最終場所，除非你們把臥室視為崇拜的最終場所，否則你們就什麼都看不見。

你們以為「性」跟神是分開的？我告訴你們：我天天晚上都在每一個臥室裡！

所以，去吧！把你們所謂世俗的與所謂深沉的混而為一——以便你們得以看清沒有分別，並體驗一切是一。然後，當你們繼續演化，你們將不是以「放棄性」來看自己，而只是在更高層次享受它。因為生命的一切都是SEX——Synergistic Energy Exchange（能量協同交換）。

關於性的這層意義如果你能了解，則關於一切事物的這層意義你就也能了解。即使是生命的結束——你們所稱為的「死」——也是一樣。在你死的那一刻，你看到的將不會是失去生命，而是在更高一個層次上去享受生命。

到最後，當你終於看出在神的世界中沒有分別——也就是說，無物不是神——你就終於可以把人所發明的這你們稱之為撒旦的東西丟開。

如果說撒旦存在，那就是每當你以為你跟我是分別的那個意念。但你不可能跟我分開，因為我即一切萬有。

人發明魔鬼，是為了威脅人，讓他們去做想教他們去做的事，並說如果他們不做，就與神分開。最終的恐嚇手段就是投入地獄的永恆之火。然而，現在你們已不需懼怕了，因為沒有任何事物能夠把你與我分開。

你跟我是一體。既然我是我所是，也即一切，則我們除了是一體之外，別無其他可能。

所以，我為什麼要譴責我自己呢？我又怎麼會這麼做呢？既然我即是一切，別無其他，那我如何自己與自己分開呢？

我的目的是在演化，不是在譴責；是在成長，不是在死亡；是在經歷，不是在不能經歷。我的目的是「是」（to be），而不是不再「是」。

我無法把我自己和你分開——或和任何事物分開。無知於此，就是「地獄」；知於此，並完全領會，就是「拯救」。你現在已經得救。你再不需要對「死後」會發生什麼事擔憂了。

3 一切都只是視角的問題

我們現在可以談一談死這回事嗎？你曾說這第三部要談更高的真理，更普遍的真理。可是我們所談過的話中，還沒有多少有關死和死後的事。讓我們現在談談好嗎？

好。你想知道的是什麼？

死的時候發生的是什麼事情？

看你選擇什麼？

你是說我們選擇什麼就發生什麼？

你以為你死了就不再創造？

我不知道；所以才問你。

好像很合理。（不過，你是知道的，只是你忘掉了；而這也很棒。一切都照計畫進行。）你死以後，並不會停止創造。這對你而言，是否就夠了？

沒錯。

好得很。

至於何以你死後還不停止創造，則是因為你從來就不會死。你無法死，你是生命本身，而生命不可能不是生命，因此你不可能死。

所以，在你死的時刻所發生的事，就是……你繼續活下去。

這就是為什麼有那麼多人「死了」，卻不相信自己「死了」——因為他們沒有經歷到死，他們反而覺得非常活躍（那是因為真正就是如此）。所以，他們有點糊塗了。

本我可能會看到身體躺在那裡，皺成一團，一動不動，然而本我卻可以到處行動。它往往是在屋子裡到處飛——然後是同時存在所有的空間。當它想要某個觀點時，它就突然發覺正在經歷體驗那個觀點。

如果靈魂（這是我們現在給予本我的名稱）覺得奇怪：「我的身體為什麼不動呢？」它就會立即發現自己浮在身體上方，好奇的看著身體的寂靜。

有人走進屋子，靈魂想：「那是誰？」立刻它就會在那人的面前或身邊了。

這樣，靈魂不久就知道了它可以去任何地方——而且是以意念的速度。靈魂於是感受到不可置信的自由與輕鬆，隨著意念可到處亂跑的這回事，靈魂是要有一會兒才能「習慣」的。

如果這人有孩子，如果它想到這些孩子，則不論他們在多遠，靈魂都可以馬上到他們面前。於是靈魂習知自己不但可以以意念的速度到自己想去的任何地方，而且可以一時在兩處，或三處，或五處。

它可以同時在這些地方存在、觀察與行動，而不至於感到困難或混亂。隨後它又可以「聚合」自己，重又回到某個地方，只靠重新聚焦就可以了。

在下一世，靈魂會記起它這一世如果能夠記起就好了的事——這就是一切由意念所創造，事情的出現是由意願使然。

我的意念集中於什麼，它就變成了我的實況。

完全正確，唯一不同的是你體驗到這結果的速度。在物質生活中，你的意念和經驗之間可能會有一段時間的間隙。在靈界則沒有間隙；結果是當下的。

因此，剛剛離開肉體的靈魂，得學習非常小心的監控它們的意念，因為不論它們想什麼，就會經驗到。

我用「學習」這兩個字是不夠嚴謹的，只是一種方便的說法，不是精確的描寫。「記起」可能比較正確。

如果物質化的靈魂能像精神化的靈魂那樣，有效而快速的學會控制自己的意念，則它們整個的一生都將會改變。

在創造個人實相方面，意念控制——或某些人所稱為的祈禱——就是一切。

祈禱？

意念控制，就是至高的祈禱。因此，只想那善的事，那正的事。不要去沉思負面與黑暗。即使在事情看起來黯淡之際——尤其是這種時候——仍舊只看完美，只表達感謝，只去想像下一步你要選擇的事物之完美狀況。

在這個方法中，可以找到平靜。在這個歷程中，可得到和平與安詳。在這種覺醒中，可找到歡悅。

太棒了。這個訊息太棒了。謝謝你藉由我把它傳遞出來。

也謝謝你讓它傳遞出來。有時候你比較「乾淨」，有時候你比較開——像剛剛洗過的濾網，這時它更「開」，開著的洞口更多。

說得好。

我盡我所能。

再回過頭來：從肉體脫離的靈魂，很快就記得非常小心的監控它們的意念，因為它們不論想什麼，就會創造和經驗什麼。

我要再說一遍，那仍舊居住在肉體內的靈魂也一樣，只是結果往往比較慢。就是由於意念與創造間的「時間」間隙——有時數日，有時數週，有時數月，甚至有時數年——才讓你們誤以為事情是發生在你們身上，而不是由於你們而發生。這是一種幻覺，它使你們忘了你們才是事情的原由。

我已經解釋過好幾次，這種遺忘是「建造在體系之內」的。它是歷程的一部分，因為如果不是你們忘了你們是誰，你們就不能創造你們是誰。因此，這導致遺忘的幻覺乃是有意創造出來的效果。

因此，當你們脫離肉體，看到你們的意念與創造之間關係這麼當下而明顯，自然會大為吃驚。一開始是吃驚，然後是歡喜；你們開始記得你們是你們經驗的肇因，而不是其後果。

在我們死之前，為什麼意念與創造之間有所拖延，而死後卻完全沒有呢？

因為你們是在時間的幻象中運作。脫離肉體後，意念與創造間之所以沒有拖延，是因為你們也脫離了時間尺度。

換言之，就是你常說的：時間並不存在。

不像你們所領會的那樣。「時間」現象其實是一種視角（persepective）的作用。

當我們還在身體內時，它為什麼存在？

是由於你們移入你現在的視角，採取現在的視角而造成的。你們運用這視角做為工具，把你們的經驗分成許多個別的片段，而不是把它當作一個單一事件，以此更充分的探測並檢察你們的經驗。

生命（生活）是一單一事件，一個在宇宙中當下此刻正在發生的事件。一切都正在發生。在一切的地方。

沒有「時間」，只有此時。沒有「空間」，只有此處。

此時與此處就是一切。

然而你們選擇盡其詳細的體驗這此時此地的莊嚴華美，去體驗你們自己的神聖本我為此時此地實相的創造者。你們只有兩條路——兩種經驗場——可以這樣做，即時間與空間。

這個想法是如此的莊嚴華美，以至於你名副其實的因歡喜而爆炸！

在這種歡喜的爆炸中，創造了你的各部分之間的空間，以及從你自己的一部分到你自己的另一部分所需的時間。

以這種方式，你名副其實的是把自己撕成碎片，以觀看自己的碎片。你可以說，你是如此的快樂，以致「摔個粉碎」。

自此以後，你就一直在把碎片拼起來。

我的一生就是如此！我正在把碎片拼合，想看看它們有沒有任何意義。

藉由稱為時間的設計，你才可以分成片片，把不可分的分開，以此，在你創造它時，才更能充分的看它和經驗它。

這正像當你透過顯微鏡看一個堅固的東西一樣，看到它根本不是固體的，而是數以百萬計的不同效應之聚合——許多不同的事情同時發生，以此創造出更大的效應——同樣，你用時間做為你靈魂的顯微鏡。

現在，我要告訴你一則岩石的寓言。

曾經，有一塊岩石，充滿了無以數計的原子、質子、中子和次原子微粒。這些微粒子依照某些規範，不停的在飛馳，從「這裡」到「那裡」。這樣做需要「時間」。然而它們卻飛馳得如此之快，以致那岩石本身似乎完全不動，而只是存在（was）。它就躺在那裡，餐風飲露，沐浴陽光，全然不動。

「我的裡面，那在動心的，是什麼？」岩石問。

「是你。」遠處的聲音說。

「我？」岩石說，「怎麼可能？我根本沒動。這是誰都看得出來的。」

「沒錯。遠看確實是如此，」那聲音說，「從這裡看，你看起來就真像固體的、不動的。但是當我更近一些——當我非常近的來看實際上發生的事，我看出一切組合為你是誰的東西都在動。它們透過時間與空間，以某種特定規範，以不可置信的速度在動，創造成稱為『岩石』的你。所以你真像魔術！你同時又在動，又不動。」

「那麼，」岩石問道，「哪一種是幻象呢？岩石的一體與不動，還是它各部分的分別與運動？」

那聲音回答道：「哪一種是幻象！是神的一體與不動，還是神各部分的分別與運動？」

我告訴你：在這岩石上，我要建立我的教會。因為這就是曠古的岩石。這就是未留一塊石頭不被翻動的永恆真相。在這小小的故事中，我已把這真理為你們解說殆盡。這就是宇宙真相。

生命（生活）是一系列微小的、極快速的運動。這運動卻全然不影響那萬有的不動與存在。然而，正如那岩石中的原子，是那運動創造著你眼前的不動。

從一個距離以外來看，沒有分別。不可能有分別，因為萬有即是萬有，此外無他。我即是不動的推動者。

從你們用來觀看萬有的有限視角來看，你們看到自己是分離的，有別的；不是不可被移動的存有，而是許多許多的存有，不斷在動。

兩種觀察都是正確的。兩種實相都是「真」相。

當我「死」了，我卻根本沒死，而只是轉入對宏觀宇宙的覺察中，在那裡沒有「時間」或「空間」，沒有現在與那時，也沒有以前及以後。

正是，你說對了。

讓我看看我能不能把你說的再說一遍給你聽，讓我看看我能不能自己來形容一下。

說吧。

從宏觀的視角來看，並沒有分與別，「回到那裡」看，一切事物的一切粒子，看來都像那全體。

當你看著腳下的岩石，你看到那岩石，此時此地、全全整整、完完美美的在那裡。然而即使一剎那間，如果你將那岩石放在你的覺察中，你都會發現岩石內有許多事情在進行——岩石的粒子在以不可置信的速度做不可置信的運動。這些粒子在做什麼？在使岩石成其為岩石。

但你在看這岩石時，你看不到這過程。即使你在概念上對它有所覺知，可是對你而言，那一切卻都在「當下」發生。那岩石不是在變為岩石；它就是岩石，在當下，在此地。

如果你是那岩石中某一粒次分子粒子的意識，則你就會經歷到自己在以瘋狂的速度運動，一時在這，一時在那。而如果外面有一個聲音對你說：「一切都在同時發生。」則你就會說那是謊言或欺騙。

然而，如果從岩石外的某一視角來看，說岩石的某一部分是同別的部分分開的，甚至在以瘋狂的速度飛繞，則會顯得是謊言。從這個距離能看到近處所不能看到的——一切是一，而所有的運動什麼都沒有挪動。

你領會了，你掌握到了。你說的意思就是，生命中的一切都只是視角的問題；而你是對的。如果你能繼續看清這個真相，你將開始領會到神的宏觀真相。你將會解開整個宇宙的奧秘：一切都是同一回事。

宇宙是神的身體中的一粒分子！

雖不中，亦不遠矣。

當我們做了所謂「死」這件事，我們在意識上就回到了宏觀實相？

沒錯。然而你們所回歸的宏觀實相，也仍是更大宏觀實相的微觀實相，而後者又是更大實相的一小部分——如此如此，永遠永遠，以至於無盡。

我們是神——那「它即是」的那個——不斷的在創造我們自己，不斷的在「是」我們現在即是的自己……直至不再是死，而成為別的東西。

就連岩石也不永遠是岩石，而僅是「似乎永久是」岩石。在它是岩石之前，它是別的。它以千百年的過程結為岩石。它曾是別的，也將成為別的。

你們也一樣。你們並非一向就是你們現在這樣的「你們」，你們曾是別的。而今天，當你如此莊嚴華美的站在這，你們真的是……「不可同日而語」。

哇，太妙了。我認為這真是太妙了！我從沒有聽過類似這樣的話。你把整個的人生宇宙觀用我的心智可以理解的方式說出來。這真是太妙了。

嗯，謝謝你的誇獎。我很高興。我在盡力而為。

你說的真是他媽的太好了。

這可能不是你在這裡該用的口語吧！

哦！

我開玩笑的，放輕鬆些，逗逗趣罷了。我是不可能被「冒犯」的。可是你的人類同胞卻可能覺得你冒犯了我。

我猜會。不過，回過頭說：我覺得我真的掌握到了一些什麼東西。

掌握了什麼？

當我提出：「為什麼當我們在肉體內的時候『時間』存在，而當靈魂從肉體開釋以後『時間』卻不存在呢？」這個問題時，你好像說「時間」其實是視角的問題；它既不「存在」，又不「不存在」，而只是靈魂改變了視角。所以我們是以不同的方式來體驗終極的實相就是了。

我正是這麼說的！你的確領會到了！

你還進一步說，在宏觀的宇宙中，靈魂會覺察到意念與創造間的直接關係；觀念與經驗間的直接關係。

沒錯——在宏觀的層次，就如在看岩石和看岩石內部的運動。在原子的運動和它創造出的岩石外觀之間沒有「時間」。運動雖然在發生，岩石卻「是」岩石；其實，岩石之所以「是」岩石，正因為運動在發生。因與果是立即的。運動在發生，而岩石「在」，都於「同時」。這就是當靈魂在你們所謂的「死」時，所認識到的情況。它只是改變了一個視角。你們看到的多了些，因此也懂得多了些。

死後，你們的領會就不再受局限。你們看到岩石，也看入岩石。你們會看著如今看似至為複雜的人生層面，而說「當然」。你們會覺得一切都那麼清楚。

然後會有新的秘密讓你們沉湎。當你們循著宇宙之輪轉動時，會見到越來越大的實相，越來越大的真理。

然而如果你們能夠記得這個真理——你們的視角創造了你們的意念，而你們的意念創造了一切——如果你們在脫離肉體前記得這個真理，而不是在脫離之後，則你們整個的人生都將改變。

而要控制你的意念之路，就是去改變你的視角。

正是。採取一個不同的視角，你就會對一切事物有不同的意念。以這種方式，你們會學到控制自己的意念，而在創造自己的經驗上，控制意念就是一切。

有些人稱為「念念祈禱」。

你曾說過，但我不認為我曾用這種方式看待祈禱。

那何不試試看這樣做會怎麼樣？如果你認為控制和引導意念即是至高的祈禱，則你就會只想好的和正當的事。即使你會沾一點負面與黑暗，卻不會耽溺其中。而在事情看起來黯淡之際——或許尤其是這種時候——你會只看到完美。

這個話你已經一說再說了。

我正在給你們工具啊。你們用這種工具可以改變你們的人生。我在反覆述說其中最重要的。我要一再一再的重複，因為重複會在你們最需要的時候產生認知（re-cognition）——即

「再次知道」。

一切發生的事——那曾經發生的、正在發生的，與將要發生的——都是你們關於你是誰和選擇你是誰最內心的意念、選擇、觀念和決定而產生出的外在表現。因此，不要譴責你所不同意的那些生活面向，而是去改變它們，並去改變促成它們的條件。

清清楚楚看著黑暗，但不要去詛咒它。而寧是成為照亮黑暗的光，以便去改變它。讓你的光在眾人面前如此明亮，以致那站在黑暗中的人，被你生命的光所照耀，讓你們所有的人終於看到你們真正是誰。

做荷光者，因為你的光不只可以照亮自己的路，你的光可以是真正照亮世界的光。

哦，那麼，發亮吧！放光吧！絢爛吧！以致你最黑暗的時刻，也能變成你最大的禮物。正如你被賦予了禮物，你也要將禮物給予人，將不可言說的寶藏給予眾人：那寶藏即是他們自己。

讓這個成為你的任務，讓這個成為你最大的喜悅：把眾人的自己還給他們，甚至於在他們最黑暗的時刻，尤其是在最黑暗的時刻。

世界在等待你，治療它吧！現在！在你目前所處之地，你能做的還很多。

因為我的羊走失了，現在必須找回。所以，做我的好牧者吧！把他們帶回到我身邊。

4 生命開始於你們的舒適圈之外

謝謝你。謝謝你對我的召喚和給我的挑戰。謝謝你將這目標放在我面前。謝謝你始終引導我走向你知道我真正想要走的方向。這就是我為什麼走向你。這就是為什麼我這麼喜愛和祝福這些對話。因為是在與你的對話中，我發現了我內在的神性，並開始看到所有人的神性。

我至珍至愛的，諸天都因你這樣說而欣歡雀躍了。這正是我走向你的原因；凡是呼喚我的，我都將走向他。正如我現在已走向那些閱讀這書的人，因為這份談話絕不只是為了你一人，是為了全世界百萬千萬的人，是在每個人需要它的時候放在他的手上。有時候竟出以那般奇妙的方式，它帶給他們自己曾經呼求的智慧，並且在他們的一生中正是適合的此刻。

這就是這裡所發生的奇蹟：你們每個人都是因你們自己製造出這個結果。這本書雖然「看起來似乎」是別人給予你們、帶你們來參與這談話，將這對談為你們敞開的，然而，這其實是你們自己把自己帶到這裡來的。

現在，就讓我們一同再來探索你心中仍存有的問題吧。

那麼，可否請你再談談死後的生活？你之前說到死後靈魂會遇見的情況，我實在很想能知道多少就知道多少。

那我們就說到你的渴望滿足為止。

我剛剛說過，所發生的事是你想要發生的事，這是真話。你創造你的實相，不僅你跟肉體同在時如此，當你脫離肉體時仍是如此。

一開始你可能不明白這一點，因此你可能不是有意識的創造你的實相。因而你的經驗就會由你未控制的意念所創造，或由集體意識所創造。

你未受控制的意念強於集體意識多少，你就以多少程度實際經驗它們。集體意識被你接受、吸收和內化多少，你就以多少程度實際經驗它。

這和你在現在的生活中創造你稱為現實的情況沒有什麼不同。

在你的人生中，你永遠面臨三種選擇：

1你可以任許你不加控制的意念來創造當下。

2你可以任許你創造性的意識來創造當下。

3你可以任許集體意識來創造當下。

但反諷的是：

在你現世的生活中，你發現要從你個人的覺察去有意識的創造相當難；甚至你往往會假定你個人的領會是錯的——即使你明明看得清楚周圍的種種——因此，你會向集體意識投降，而不論它合不合你用。

在你們稱為「來生」的最初片刻，不管你把周遭看得如何清楚（這些是你可能難以置信的），你卻會發現難以向集體意識投降；你會傾向於堅持你自己的領會，而不管它們合不合你用。

我要告訴你：當你被較低的意識環繞時，堅持自己的領會對你的好處比較多，但當你被較高的意識環繞時，向它投降則會對你的好處比較多。

因此，去尋找更高意識的人為伴是聰明之舉。這樣的伴侶對你的重要性是不會言過其實的。

在你們所謂的來世，關於這方面就無需擔憂，因為你們會立即並自動被高意識存在體──並被高意識本身──所環繞。

不過，你們仍舊可能並不知道這樣被愛所包圍；你們可能並不是馬上就能意會過來。因此，你們會覺得有些事情是「發生」在你們身上；你們是一時的運氣光臨著。事實上，你們死時的意識是什麼，你們就經驗到什麼。

你們有些人對死有所料想，只是並不自知，你們終其一生於死後是什麼樣子都會有想法，而在死時，這些想法就會呈現，你們會突然覺察（realize）你們原來想的是真的，你們使之成真（make real）。正像你們在活著時一樣，你們最強烈的意念、你們最熱烈執著的意念占了優勢。

那麼，人就可能下地獄了。如果有人終其一生都相信地獄絕對是存在的，而神會審判「生者與死者」，他會分開「麥子與穀殼」，分開「山羊與綿羊」，相信一生既然做了那麼多冒犯神的事，則他們就一定會下地獄——那他們就一定會在地獄的永遠之火中焚燒了！他們要怎麼才能逃得出來？你在這三部曲中曾一再明言地獄不存在，然而你又說我們創造我們的實相。那麼，相信地獄之火和永罰的人，就可能而且真的會遇到永罰和地獄之火了。

在最終的實相中，除了那本是的外，什麼都不存在。你說，你可能創造出你所選擇的任何次實相（subreality）來，這是沒錯的——包括你可以經驗到所形容的地獄之火。在這整個三部曲中，我從沒有說過你們不會經歷到地獄；我說的是：地獄不存在。你們所經歷的大部分事物都是不存在的，然而你們仍在經歷它們。

真令人難以置信。我的一個朋友，柏奈特・拜恩（Barnet Bain）拍攝了一部關於這種論說的電影。我的意思是，完全跟這種說法相同。我現在寫這段話的時候是一九九八年八月七日。我把這段話插入兩年前所記錄下來的談話間，這是我以前從沒有做過的。但在我把這本書的最後清樣送到出版社之前，我最後一次重讀稿本，卻發現羅賓・威廉斯剛剛才主演完的一部電影，內容和我們此處說的完全一樣。電影名叫《美夢成真》，跟你這裡說的相同得嚇人。

那電影我很清楚。

你清楚？神也去看電影？

神拍電影。

哇！

沒錯。你沒看過《哦，神啊！》（*Oh, God*）這部電影嗎？

當然看過，可是……

怎麼？你認為神只會寫書？

那麼，羅賓．威廉斯的那部電影就是真的了？我是說，真的就是那樣嗎？

不是。沒有任何電影、書或人，對神的任何解釋是真正真的。

連《聖經》也不是？《聖經》不是真正真的？

不是。我想這一點你是知道的。

好吧。那這套書又怎麼樣呢？這套書總真正是真的了吧！

不是。我很不願意對你這樣說，但我還是要說：這套書是透過你的個人過濾器而出現的。我承認，你的過濾器的網眼是很精緻的。你已成為非常好的過濾器。但你仍只是過濾器。

這我知道。我只是想要在這裡再說明一次；因為有些人會把這樣的書或如《美夢成真》這樣的電影當作是真的。我希望讓他們不要如此。

這部電影的編劇與製片者透過不算完美的過濾器呈現出巨大的真理。他們所要呈現的，是死後你所經歷的正是你預期與選擇你會經歷的。他們把這一點做了很有效的說明。

好了，現在我們可以回到原先的話題了嗎？

可是。我想知道的就是我看這部電影時所想知道的。如果沒有地獄，可是我卻經歷到地獄，則到底有什麼鬼不同呢？

只要你還留在你所創造的實相中，就沒有任何不同。然而你不可能永遠創造這樣的實相。你們有些人經歷它的時間不會超過你們所謂的十億分之一秒。因此，即使在你們個人的想像領域中，你們也不可能經歷到悲傷痛苦之地。

假如我終生都相信這麼一個地方，又相信我做過使我應去這種地方的事，則是什麼可以使我不致永遠創造這樣一個地方呢？

你的知識與領會。

在此生，你的下一刻是由你對前一刻的新領會而創造，同樣，在你們所謂的來生中，你們從對早先的一刻之所知與領會中創造新的一刻。

有一件事你們會十分快速知道與領會的是，你們一直都在任意選取你們想去經驗的事情。這是因為在來生中，結果是立即出現的，你們不會看不出意念與其所創造出的經驗之間的關係。

你們會明白，是你們在創造自己的實相。

這可以解釋為什麼某些人的（死後）經驗是快樂的，而某些人的則是嚇人的；為什麼某些人的經驗是深刻的，而另一些人的又幾乎是子虛烏有的；也解釋了為什麼有關死後片刻的故事是那麼不同。

有些人從瀕死經驗中回來，充滿了和平與愛，從此以後就不再恐懼死亡；而有些人則全身發抖的回來，認為自己遇到了黑暗與邪惡的力量。

靈魂會回應並再創造人心最有力的提示或暗示，將它在經驗中製造出來。

有些靈魂會有一段時間留在這經驗中，使這經驗變得非常真實——就像靈魂還在肉體內時的情況一樣，儘管它此時的經驗也同樣不真，不恆久。有些靈魂則調整得很快，看出經驗從何而來，而開始新的意念，立即走入了新的經驗。

你是說，來世的事物並沒有一個特定的樣態？在我們自己的心以外，永恆的實相或真理並不存在？在我們死後，在我們走入另一個實相中時，我們仍舊是在繼續製造神話、傳說和假裝的經驗？我們什麼時候才可以從這束縛中解脫？我們什麼時候才得以認知真理？

當你們選擇它的時候，這就是羅賓．威廉斯那部電影的重點，這也是這裡所說的重點。當一個人的唯一渴望就是認知「一切萬有」之永恆真理，就是領會那最偉大的奧秘，就是要經驗最壯麗的實相，他就能得到他所要的。

沒錯，有一個大真理在；有一個終極的實相在。但不管實相是什麼，你總是得到你所選擇的——正是因為實相就是「你是一個神聖的造物」，神奇的創造你的實相，並去經驗它。

然而，如果你選擇不再創造你自己個體的實相，而開始領會和經歷更大的、合一的實相，則你立刻就有機會這樣做。

那些「死」的時候做此選擇、有此渴望、有此意願與認知的人，就立刻進入合一的體驗中。其他的人則只有在他們自己有此渴望時才有此體驗。

當靈魂仍跟肉體一同時，情況也正是如此。

這全然在你的渴望、你的選擇、你的創造，在你對那不可創造之事的創造；也就是，在於你對那業已創造出來的事物之體驗。

這就是創造的創造者、不動的推動者，是始是終，是前是後，是事物的現在——過去——一向的面貌，你們稱之為的神。

我不會遺棄你們，然而我也不會將我的本我強加在你們身上。我從未這樣做過，也永不會這樣做。任何時候你們想要，都可回歸於我。現在，當你們與肉體同在時如此，將來離開肉體時也一樣。任何時候當你們願意，你們都可回歸於我，並體驗失去個體本我的經驗。你們也可以在任何你們選擇的時候，重新創造你們個體本我的經驗。

你們可以如自己的意願體驗「一切萬有」的任何層次，至小的，或至大的。你們可以體驗小宇宙，也可以體驗大宇宙。

我可以體驗粒子或岩石。

沒錯。說得好。你了解了。

當你跟人體同住，你所經驗的是較小的一部分，而不是整體；也就是說，小宇宙的一部分（但不是小宇宙的最小部分）。當你離開肉體（即某些人所稱為的「精神世界」「靈界」），你的視角便躍進般的擴大。你會突然似乎知道了樣樣東西，能夠成為樣樣東西。你對事物會有一種宏觀，允許你懂得你目前不能懂得的事物。

那時你能懂得的事物之一，是仍有更大的宏觀宇宙。也就是說，你會突然明白，「一切萬有」比你那時所經驗的還要更大。這使你立刻充滿了敬畏與期待，驚奇與興奮，喜悅與歡躍，因為那時你就知道並了解我所知道和了解的：遊戲永遠不會結束。

我能到達真正智慧的地步嗎？

在你「死」後，你可以選擇讓你所曾提出的任何問題都得到答案——並接受你從未夢想過的問題。你可以選擇跟「一切萬有」合一。你會有機會去決定你下一步要的是什麼和做什麼。

你會選擇回到你最近的一個肉體嗎？你會選擇再以人的形象——但另一種不同的人——來體驗生命嗎？

你會選擇留在「靈界」——在你那時正經驗著的境界？你會選擇在認知與經驗方面更進一步？你會選擇完全「失去你的身分」而成為一體的一部分？

你選擇什麼？你會選擇什麼？你要選擇什麼？

這是我一直在問你的問題，也是宇宙始終在問你的問題。因為宇宙不知道別的，只知道去滿足你最殷切的渴望，最大的願望。事實上，它時時都在這樣做，天天都在這樣做。你與我之間的不同，就是你並未有意識的覺察到這一點。

我卻覺察到。

告訴我……在我死後，我會遇到我的親人和我所愛的人嗎？他們會像有些人所說的那樣，幫助我了解發生了什麼事嗎？我會和那些「比我們早逝的人」再重聚嗎？我們會永遠在一起嗎？

看你選擇了什麼。你選擇要讓這些事情發生嗎？那麼，它們就會發生。

好吧，我承認我有點糊塗了。你是說我們每一個人都有自由意志，而這自由意志會延伸到我們死後？

是的，這就是我說的。

如果這是真的，那麼我所愛的人的自由意志就必須和我的一樣——當我有某一個想法和渴望時，他們必須要和我有相同的想法和渴望——不然我死後，他們就不一定會跟我在一起。還有，如果我想跟他們共度永恆的餘生，而他們如果有一個或兩個卻想繼續前進的話，那怎麼辦？也許他們中有一個想要走得更高更高，像你說的，想要跟那一體結合為一，那又怎麼辦？

在宇宙中是沒有矛盾的。有些事情看起來矛盾，但事實上並不。如果事情像你所說的那樣（順便告訴你，這是個非常好的問題），那麼你們雙方都會得到你們所要的。

雙方？

雙方。

我可以再問是怎樣的嗎？

可以。

好。那麼……怎麼……

你對神的想法是怎麼樣的？你認為我只能在一個地方嗎？

不，我認為你同時處處都在，我相信神是無所不在的。

嗯，這一點你的想法正確。沒有一處是我不在的。你了解了嗎？

我想是的。

好。那麼為什麼你會認為你是不一樣的？

因為你是神，而我卻只是凡人。

我明白了。我們還卡在這「只是凡人」上……

好吧，好吧……假設，只是為了討論方便起見，我假定我也是神——或者，至少是由與神相同的材料造成的。那麼，你是說我也可以在同一時間在所有的地方？

這只是意識要在它的實相中選擇什麼的問題。在你們所謂的「靈界」，你能想像什麼，就能經驗什麼。如果你想要體驗自己為一個靈魂，在一個時間，於一個處所，你就可以做到。然而，如果你想要體驗你的靈魂更大一些，在同一個「時間」不只在一個處所，則你也可以這樣做。事實上，你可以在任何「時間」在你所希望的任何處所體驗你的靈魂。這是因為，事實上只有一個「時間」，只有一個「處所」，而你永遠都在它的所有裡面。因此，你可以依你的願望，在你所選擇的任何時候，體驗它的任何一部分或數個部分。

可是如果我想要我的親人們跟我在一起，而其中有人卻希望到「這一切」的另外某一部分去，那又怎麼辦？

你跟你的親人們不可能不想要相同的東西。你和我，你的親人和我——我們所有的——都是同一個。

你對某事的渴望，這本身就是我對此事的渴望，因為你根本就是我，把稱為渴望的經驗表達了出來。因此，你所渴望的，就是我所渴望的。

你的親人和我也同樣是同一個，因此，我所渴望的，他們也就渴望。

在地球上，你們也都渴望著相同的東西，你們渴望和平，你們渴望繁榮，你們渴望歡樂，你們渴望滿足，你們渴望在工作中能夠展現自己，在生活中有愛，身體健康。你們統統都渴望著相同的東西。

你們認為這是巧合？不是的，這是生命的運作之道。我現在正在為你們解釋此道。

在地球上的事情之所以不同於你們所謂的靈界，是因為在地球上，你們雖然渴望著同樣事情，但對如何得到它卻各有不同的想法，因為你們各自循著不同的方向，卻想尋求相同的東西！

是由於這些不同的觀念，你們才製造出不同的後果。我曾說過這些觀念可稱為發起思維（Sponsoring Thoughts）。

是的，在第一部。

你們許多人共有的這種意念之一，就是你們的不夠的想法。你們許多人私心裡總以為就是不夠，什麼都不夠。

愛不夠，錢不夠，食物不夠，衣服不夠，住處不夠，時間不夠，可供分配的好念頭不夠，當然可供分配的自己也是不夠。

這種發起思維使得你們竭盡一切所能去求取你們認為「不夠」的東西：如果你們認清了人人所渴望的任何東西都是足夠的，則你們將立即放棄這一切作為。

在你們所稱為的「天國」，你們「不夠」的意念會消失，因為你們會覺察到，在你們與你們所渴望的任何東西之間並沒有分離。

你們會覺察到比足夠還有餘。你們會覺察到你們可以在任何「時間」存在不只一個地方，因此你沒有理由不要你的兄弟所想要的，不選擇你的姊妹所選擇的。如果他們在死的時候想要你在他們身邊，則僅就他們對你的思念，就足以把你召向他們，你沒有理由不奔赴他們，因為這完全不會從你現在正在做的事情中取走任何什麼。

這種沒有理由說不的狀態，就是我在一切時間中所處的狀態。

你以前也曾聽說過：神從來不說不。這是沒錯的。

我會給你們所渴望的一切，永遠如是。從時間之始即是如此。

你真的永遠都給每個人他們所渴望的？

是的，我親愛的，我真的如此。

你的一生反映著你所渴望的和你相信你可以得到什麼。我不會給你你不相信你可以得到的——不管你是多麼渴望。因為我不會違背你自己對它的想法。我做不到。這是法則。

相信自己不能得到某一事物，就等於不渴望此事物，因為這兩者的結果都是一樣的。

但在地球上，我們不可能得到一切我們所渴望的。比如，我們不可能同時在兩個地方。還有許多其他的事物，也是只能渴望卻不能得到，因為在地球上，我們人人都是如此受到局限。

我知道你會這麼想，因此事情對你也就會是這樣，因為給予你的永遠是你相信會給予你的——這永遠是真的。

因此，當你說你不能同時在兩個地方，那你就不能。但如果你說，你能以意念的速度去你想要去的任何地方，甚至以你肉體的形態於任何時間存在於不只一個地方，那你就可以如此。

你看，這就是這些對話讓我覺得脫節的地方。我真的想要相信這些訊息是直接來自神——但是當你這麼說的時候，我的內心真會瘋掉，因為我就是無法相信。我的意思是，我就是不信你剛說的話是真的。在人類的經驗中，沒有可以證明這話的事情。

不對。據說所有宗教中的聖人都做過這種事。這需要很深的信仰才能相信？特別高層次的信仰？一千年才有一人？沒錯。但這表示它不可能？不對的。

我怎麼去創造這種信仰？我怎麼能去達到這樣的信仰層次？

你不可能達到那裡（get there），你只能在那裡（be there）。我不是在玩弄文字，我是真的這樣說。這一種信仰——我願稱它為完全的認知——不是你可以試圖得到的。事實上，如果你試圖得到它，你就不可能得到它。你只能就是那樣，你只能就是那認知，你就是那種存在體。

這樣一種存在狀態出自一種完全的覺察狀態，它唯有從這種狀態中產生。如果你想要變得如此覺察，則你就無法如此。

這就如同如果你是四呎九，卻想「變為」六呎一樣。你不可能六呎高。你只能「是」你是的高度——四呎九。當你長到六呎的時候，你就會「是」六呎了。當你是六呎高的時候，你就可以做六呎高的人所能做的一切事了。當你處在完全覺察的狀態，你就可以做一切處於此種完全覺察狀態的人所能做的事。

因此，不要去「試圖相信」你可以做這樣的事情，而應試圖走向完全覺察的狀態。那時，就不需要相信，完全的認知會自現神蹟。

有一次，當我靜坐冥想時，曾經有一段完全合一、完全覺察的經驗。那太奇妙了，令人欣喜不已。但那次以後，我曾一再試圖再有這種經驗。我不斷的靜坐，想要再次達到這完全的覺知，可是我從未能再成功過。這就是你所說的原因嗎？你是說，只要我仍在尋求某種事物，我就不可能得到，因為這尋求就表示我現在沒有得到它。這種智慧你在這整個三部曲中都一再的向我透露著。

沒錯，沒錯。現在你懂了吧，你更清楚了吧！這就是為什麼我們要一再反覆、一再重述的原因。反正你在第三次、第四次，或許第五次，總會領會到的。

嗯，我很高興我問了這個問題，因為這個「你可以同時在兩個地方」或「你可以做任何你想做的事」可能會變成很危險的玩意兒。這就是那種讓人從帝國大廈往下跳，一邊還會大喊「我是神！看哪！我可以飛！」的把戲。

在做這種事情之前，你最好處在完全的覺知狀態。如果你必須以向別人表明來證明你是神，則你就還不知道你是，而這「不知道」會以你的實況表明出來。簡言之，你會捧個正著。

神不求對任何人證明它自己，因為神沒有這個需求。神是，而這即是如此。那些知道自己與神為一的人，或在自己之內體驗到神的人，不需向任何人證明，更不需向自己證明，因而也不會去尋求如此做。

因此，當他們揶揄他，對他說「如果你是神的兒子，你就從十字架上下來吧！」時，那位名叫耶穌基督的人什麼也沒做。

但是三天以後，當沒有見證人、沒有群眾、沒有證明任何事物的人在場時，他靜靜的做了一件更驚人的事——而世人一直到現在還在議論不休。

你們的救贖就在這奇蹟中，因為這奇蹟不只向你們顯示了耶穌的真相，也顯示了你們是誰的真相，因此使你們免於被謊言所誤——這謊言是別人告訴你們的，而你們把它當作真相來接受。

神永遠邀請你們對自己存以最高的想法。

就在此時，你們的星球上就有人正在表現著這些最高的想法：包括使物體出現又消失，甚至在肉體中「永遠活下去」，或重返肉身，再度生活——而所有這些，所有的這些，都因他們的信念而得以成為可能。那是因為他們的認知，那是因為他們對事物如何成其為事物，其用意如何，有不可改變的清明。

在過去，當有人以凡人形象做出這類事情，你們就認為是奇蹟，稱這些人為聖人和救世者，然則他們並不比你們更是聖人與救世者。因為你們所有的人都是聖人與救世者，而這正是他們為你們帶來的訊息。

我要怎麼才能相信這些？我是全心全意想要相信的，只是實在無法相信，就是無法。

不，你不能用相信（believe）的，你只能知曉（know）它。

我怎麼能知曉？我怎麼樣才能知曉？

凡是你為自己選擇的，就給予別人。如果你做不到，則幫助別人做到。告訴別人，他們已經擁有。為此稱讚他們；並為此推崇他們。

這就是「宗師」（guru）的價值，這是全部的重點所在。但在西方，「宗師」一詞已經帶有太多的負面能量，它幾乎已經帶有輕蔑之意，「宗師」幾乎就是騙子。效忠於某一宗師，就幾乎是放棄了你自己的力量。

可是推崇你的宗師並不是放棄你的權力，而是得到力量。因為當你讚美你的宗師，當你推崇他，你所說的就是「我見到你」。而你在他人身上所見到的，你就開始在自己身上見到。那是你內在實相的外在證據，那是你內在真理的外在證明，證明你的生命真相。

這就是透過你寫這三部曲所帶來的真理。

我並不認為是我在寫這套書。而是你——神——才是作者，我只是個抄寫員。

神是作者……而你也是。這套書是我寫的或是你寫的，其實並沒有什麼不同。如果你認為有所不同，你就失去了寫這套書的意義了。你們大部分人都已偏失了這教誨的重點，因此我派了新的老師，更多的老師，都帶著與往日的老師相同的訊息來。

我了解你不願意將這教誨認為是你個人的教誨。因為如果你到處嚷嚷說，你與神為一——或甚至只是神的一部分，你說這些話，寫這些話，就不知道世人會怎麼看待你了。

世人怎麼看我倒沒關係。但有一點我十分清楚：就是我沒有資格做這些訊息——這三部書中所有的訊息——的唯一接受者。我不覺得自己有資格做這項真理的使者。沒錯，我現在是在為這三部書工作，然而即使在出書之前我就知道，比任何人都知道，以我所曾犯過的錯誤，以我所曾做過的自私的事，我根本就沒有資格帶來這奇妙的真理。

然而，這又可能是這三部曲中最大的訊息：神不對任何人隱藏，他對每個人說話——即使那最沒有資格的。因為如果神對我說話，則神將對每個尋求真理的男人、女人與小孩的心直接說話。

因此，我們每個人都有希望。我們沒有一個人爛到神會遺棄我們，不可原諒到神會轉頭不顧我們。

這些都是你所相信的嗎？——剛剛你寫的所有這些話？

是的。

那麼它就是這樣；在你就是這樣。

不過我還是要告訴你，你是有資格的，就像每個人一樣。沒有資格，是對人類最壞的指控。你們以往日來鑑定你們的價值，我卻以來日。

來日，來日，來日，永遠都是來日！你們生命的所在，不是在往日，是在來日。你們真相的所在，是在來日，而不是在往日。

跟你們將要做的事相比，你們已經做的便不重要。跟你們將要創造的相比，你們所已犯的錯誤便微不足道。

我原諒你的錯誤，全部的錯誤；我原諒你誤置的熱情，所有全部的；我原諒你錯誤的觀念，你被誤導的領會，你令人受傷的行為，你自私的決定；這所有的全部。

別人可能不原諒你，但我原諒你；別人可能不放過你的錯誤，但我放；別人可能不讓你忘記，不讓你走向新的事物，但我讓。因為我知道你不是過去的你，卻是並將永遠是現在的你。

在一分鐘之間，在一秒鐘之間，一呼一吸之間，一個罪人可以轉變為聖人。

事實上，沒有「罪人」這麼一種東西，因為沒有一個人會被罪「犯」到——尤其是我。這就是何以我說我「原諒」你。我用這個字眼，因為這似乎是你們所了解的。

事實上，我不是原諒你，而且也不會為了任何事原諒你。我沒有必要，沒有什麼要原諒的，但我可以釋放你。正像我此時此處所做的，再度如此。正如我過去經常做的——以那麼多其他老師的教誨所做的。

那為什麼我們不肯聽那些老師的？為什麼我們不相信你這最大的允諾？

因為你們不相信神的善。那麼，就把要相信我的善忘記吧！只去相信這簡單的邏輯：我所以無需原諒你們，是你們不可能冒犯我，我也不會被傷害與毀滅的。然而你們卻以為可以冒犯，甚至傷害我。這是多麼大的幻象！多麼大的心結啊！

你們不可能傷害到我，因為我是不可能被傷害的。而凡是不能被傷害的，也不可能、不會去傷害別人。

現在你可以明白這真相背後的邏輯了：我不會譴責，不會懲罰，也不需報應。我沒有此種需求，因為我不可能以任何方式受到傷害或冒犯。

而你也是一樣，所有其他的人也是一樣——儘管你們以為自己可以被傷害或毀滅，曾經受到傷害或毀滅。

因為你們以為受到傷害，所以便要求報復。由於你們經歷了痛苦，所以要別人也經歷痛苦，以為報應。但是，你們究竟有什麼正當的藉口來造成他人痛苦呢？因為（你們以為）有人造成了你們的痛苦，就覺得以痛苦回報是對的？你們本來認為人與人不應那般對待，然而一旦你們自以為有藉口可以那樣待人，就於心無愧了？

這是瘋狂。而你們未能看出的是在這種瘋狂中，所有造成他人痛苦的人都自以為正當。每個人的每件行為都被他自己認為是對的，因為這是他的所欲所求。

照你們的定義，別人的所欲所求就是錯的，照別人的定義則正好相反。你們可能不同意他們的世界觀，他們的道德架構，他們的神學觀，他們的決定、選擇與行為……但是他們，以他們的價值觀為基礎，卻同意他們自己的。

你認為他們的價值觀是「錯」的。但又有誰說你們的價值觀是「對」的呢？只有你們言行合一，才會使這價值觀有些意義，可是你們的「對」與「錯」，卻經常在變。個人如此，整個社會也一樣。

只不過數十年前，你們社會認為「對」的，於今卻認為「錯」了。不久以前你們認為「錯」的，於今又稱它為「對」。然而誰能說誰是或誰非呢？沒有評分卡，你怎麼分辨比賽的結果呢？

然而我們卻敢於互相審判，我們敢於譴責，只因為有人不合於我們一直在變的是非標準。哦，我們還真了不起呢。我們連什麼是「對」，什麼是「不對」都無法一致。

但問題不在這裡。關於什麼是「對」，什麼是「錯」的改變主意並不是問題所在。這一點你們必須清楚，不然你們就無法成長，改變乃是演化的成果。

不，問題不在你們改變，或你們的價值觀改變。問題在你們有那麼多人堅持以為你們現在的價值觀是對的，是完美的，人人必須遵從，你們有些人變得自是自大。

如果你們的信念對你們有幫助，則堅守它，牢牢的守住它，不要動搖。因為你們的「對」「錯」觀念，是你們對你是誰的定義，然而不要要求別人也以你們的對錯來定義他們自己，也不要那麼牢牢的「栓在」你們現在的信念與習俗中，免得阻礙了你們的演化。

事實上，你們不可能阻礙演化；即使你們想要做也做不到，因為不管有你們，還是沒有你們，生命都一直在前進。沒有任何事物是停留在同一個狀態的，也沒有任何東西是不變的。不變就是不動，而不動就是死。

生命的一切都是動，每一塊石頭都充滿了運動。一切都在動，一切，沒有一種事物不是在動中。因而沒有一個事物不是時時刻刻在動的，沒有一物。

保持原樣，或意圖保持原樣，是違背生命法則的。這是愚蠢，因為在這種爭執中，勝利的一方永遠是生命。

所以，變吧！是的，變吧！改變你們關於「對」與「錯」的想法。改變你們關於這個和那個的想法。改變你的構想，你們的結構，你們的模型，你們的理論。

允諾你們最深的真理改變。看在老天份上，為了你們好，由你們自己主動去改變吧！我這話是真的。為了你們好，由你們自己去改變吧！因為關於你們是誰，你們的新觀念就是成長所在。你們關於這是什麼的新觀念，就是演化加速之處。你們關於誰、什麼、何處、何時、如何和為什麼的新觀念，就是使神秘得以解開之處，故事得以結束之處。然後你們可以開始新的故事，一個更精采的故事。

你們關於「一切萬有」的新觀念就是興奮之所在，就是創造之所在，就是你內在的神得以顯現、得以充分實現之所在。

不論你們認為事物已經「多好」，它們仍舊可以更好。不論你們認為你們的神學、你們的意識形態、你們的宇宙觀已經多麼奇妙，都還可以更奇妙，因為「天上地下要比你們的哲學所夢想的事物還要多得多」。

因此，打開吧！打開！不要因為你們已經適應舊有的真理，而把新真理的可能性關閉。生命開始於你們的舒適圈之外。

然而，不要急於審判他人。寧可避免審判，因為別人今日的「錯」，可能是你昨日的「對」；別人今日做錯的事，可能是你昨日未經改正的行為；別人今日「有害的」「傷人的」「不可原諒的」和「自私的」選擇與決定，正是你曾做過多次的。

你也許「無法想像」，別人怎麼可能「做出那樣的事」，然而你忘了，這正是你所來自之處，是你和他將要去向之處。

而對那些你們自以為邪惡、自以為不值、不可救藥的人，我要這樣告訴你們：你們沒有一個是永遠迷失的，永遠不會。因為你們是一切，是變的歷程中的一切。你們是一切，是通過演化而移動的一切。

而這就是我所要的。

藉由你們。

5 宇宙間沒有意外

我記得小時候學過這樣一段禱告詞：「主啊，我不值得讓你進入我的屋子。但只要你說一句話，我的靈魂就得以治癒。」現在你已說了這些話，我覺得治癒了，我不再覺得自己不值得，你有辦法讓我覺得值得。如果說我有可以給予所有人類的禮物，那就是這個。

你已經給了他們這份禮物——就是這套書。

在這些對話結束之後，我希望還能繼續給下去。

這對話永遠不會結束。

好吧，我是說，在這三部曲寫完之後。

你有很多辦法可以那樣做。

如果是這樣，那我太高興了。因為這是我的靈魂所渴望給予的禮物。我們人人都有禮物要給予，我很高興這是我能給的。

那麼，就去給吧！讓每個你接觸的人都感到有價值。讓每個人都感到他們生為人的價值，感到他們之為自己真是奇妙。給予這禮物，你將治癒全世界。

我很謙卑的請求你的幫助。

你永遠都會得此幫助，我們是朋友。

我很喜歡這對話，現在我想要問一件你以前說過的事。

好。

當你說到這一生和下一生之間的生活時——姑且這麼說——你曾說：「你可以在任何你選擇的時候，重新創造你的個我經驗。」——這是什麼意思？

這意思是，在任何你想要的時候，你都可以從那一切中以一個新的「我」出現，或以你以前的我出現。

你是說，我可以恢復和回到我的個我意識，我對「我」的覺察中？

對。不論什麼時間，你都可以得到你想得到的任何經驗。

因此我可以回到這個生命——回到這個地球——成為「死」去以前的那個人？

對。

同樣的肉體？

你聽過耶穌的事嗎？

聽過，但我不是耶穌，我也不敢認為我會像他。

他不是說過：「這些事情，以及更多的事，你們也都可以做？」

是說過，但是他並不是在指這一類的奇蹟，我不認為是如此。

我很遺憾你不認為如此，因為耶穌不是唯一從死裡復活的人。

他不是？還有別人？

對。

天哪，這是冒瀆神！

除了耶穌以外還有人從死裡復活是冒瀆神？

嗯，有些人會這樣說。

那這些人就是從沒有讀過《聖經》。

《聖經》？《聖經》裡說過除了耶穌還有其他人從死裡復活？

沒聽過「拿撒勒」（Lazarus，《新約聖經》〈約翰〉十一章及〈路加〉十六章）嗎？

哎，這不對！他從死裡復活是靠基督的力量。

一點也沒錯。那你以為你所謂的「基督力量」是只保留給拿撒勒的？在世界史上只為他一人嗎？

我沒有這樣想過。

我告訴你，曾經有許多人從「死」裡復活，曾經有許多人「復生」，當今你們的醫院裡天天都在發生。

哦，算了吧，又來了！這是醫學，不是神學。

哦，我懂了。神跟今天的神蹟沒有關係，只跟昨日的有關。

嗯……好吧，從技術面來看，我承認你說的有理。但是，沒有一個人曾經像耶穌那樣靠自己的力量從死裡復活的，沒有一個人是這樣從「死」裡回來的。

你確定？

呃……滿確定的……

你有沒有聽說過摩訶孚陀・巴巴吉（Mahavatar Babaji）？

我不認為我們在這裡應該把東方神秘主義者扯進來，很多人不會吃這一套。

我明白。嗯，當然，他們一定會這樣的。

現在讓我來弄清楚。你是說，靈魂如果願意，就可以從所謂的「死」裡，以精神形象回來，或以肉體形象回來？

你現在開始了解了。

好吧。那為什麼並沒有多少人這麼做呢？為什麼我們沒有天天聽說？這種事應該會造成國際新聞才是。

事實上的確是有不少人這樣做——以精神的形象。但我承認，選擇返回肉體的並不多。

哈！你看！我說了吧！為什麼不呢？如果那麼容易，為什麼沒有更多的靈魂這樣做？

那不是容不容易的問題，而是想不想要的問題。

什麼意思？

意思是，很少有靈魂願意再以以前的肉體形象回來。如果靈魂選擇要重回肉身，則幾乎總是會選擇另一個肉身；一個不同的肉身。以這種方式，它才能開始一個新的歷程，體驗新的記憶，做新的冒險。一般說來，靈魂之所以離開肉體，是因為它們跟這肉體的關係已經結束。它們已經做完了跟此肉體結合所需完成的事。它們已經經歷了想要經歷的事。

那麼因為意外事故而死的人又怎麼說？他們也是經歷完了？或是被「切斷」？

你還是認為人會意外的死亡？

你是說他們不是意外的？

宇宙間沒有意外發生的事。沒有事是「意外」的，也沒有事是「巧合」的。

如果我能說服自己相信這一點，我就再也不會為那些死去的人悲傷了。

他們最不願意的，也是你們為他們悲傷。

如果你知道他們在哪裡，而那又是由於他們更高的選擇，你就會為他們的離去歡慶。如果你曾有片刻經歷到你所謂的死後，以你對你自己和神最恢宏的意念觸及到死後，則在他們的葬禮中，你將笑得合不攏嘴，你心中會充滿歡喜。

在葬禮中，我們為自己失去所愛而哭泣。因為我們認為再也見不到我們所愛的，再也不能握、不能碰、不能抱我們所愛的人。

應當哭的。這是尊崇你們的愛，尊崇你們所愛的人。然而，如果你們知道，那更恢宏的真相，知道有何等奇妙的經驗在等著脫離肉體的靈魂時，你們的悲傷就可縮短。

到底死後是什麼樣子？真的什麼樣子，請告訴我。

有些事情是無法向你們啟示的，不是因為我不想，而是因為在你們目前的狀況，在你們目前的領會層次，你們無法想像所告訴你們的事。不過，可說的仍然不少。

我們原先討論過，在你們所謂的死後，有三種事情可做，正像你們現在活著所經歷的情況一樣。你們可以由不加控制的意念來創造，你們也可以體驗「一切萬有」的集體意識。最後，這一種體驗稱為再結合，或重歸於一。

假如採取的是第一個途徑，則你們大部分人是不會持續很久的（這與你們在地球上不一樣）。這是因為一旦你不喜歡你所經驗的情況，就會選擇去創造新的、更為愉快的經驗，而這一切，你只要停止去負面思考就好。

由於如此，你們根本就不會經歷到你們恐懼的「地獄」——除非你們選擇如此。但即使你們選擇了「地獄」，你們仍是「快樂」的，因為那是你們所要的。（有許多人在「不快樂」中「快樂」，人數超過你們所能想像。）所以，你們會繼續這種體驗，直至你們不再選擇它。

不過對大部分人來說，你們常剛剛開始經驗到它，然後就走開了，而去創造新的情況。

在地球上，你們也可以如此完全一樣的消除生活中的地獄。

如果你們採取第二條路，有意識的創造你們的經驗，你們無疑會體驗到「直升天國」，因為凡是能自由選擇的，都會做此選擇，而凡是相信有天國的，就會創造天國。如果你不相信有天國，則你會經歷到任何你想經歷的境況。而在你領會此點的一刻，你的願望就會越來越美好。於是，你就會相信有天國了！

如果你採取的是第三條途徑，委身於集體意識的創造，你就會迅速進入全然接受、全然和平、全然喜悅、全然覺察和全然的愛中，因為這就是集體的意識。你將跟那一合而為一，而除了那你所是的之外，別無其他。那你所是的即是亙古萬有——直至你決定必須有別的什麼東西為止。這就是涅槃，那「與一合一」的經驗，是你們許多人曾在靜心冥想中短暫體驗過的境況，是一種不可描述的喜悅。

在你體驗了「無限時間——無時間」（infinite time-no time）的合一之後，你會停止這種體驗，因為除非那非一（The Which Is Not One）也存在，除非等到那非一已存在，否則你就不能體驗那一之為一。領會及此，你又再次會創造那分別與非一的觀念與意念。

於是你會在宇宙之輪上繼續行，繼續轉，繼續存，繼續在，永遠永遠，比永遠更永遠。

你將許多次回歸於一——無限次，而每一次都無限時間——你將會知曉在宇宙之輪上的任何一點你都有工具可以讓你重歸於一。

現在，即使在你讀這些句子時，你都可以這樣做。

明天，在你靜心冥想時，你可以這樣做。

任何時候，你都可以這樣做。

你曾說過我們並不一定需要停留在死時的那個意識層次？

對，你們可以想多快就多快進入另一意識層次，也可以想停留多少「時間」就留多少時間。如果你「死」的時候處於有限的視角、不加控制的意念，你就會經歷到這樣的狀態所帶給你的各式各樣經驗，直到你不再想要為止。於是，你會「醒來」——變得有意識——開始創造自己的實相。

你會回頭看第一個階段，稱它為煉獄；看第二個階段——以你思想的速度得到你想要的東西——你稱它為天堂；第三個階段，當你體驗到合一的至福，你稱它為涅槃。

沿著這些線，我還有一件事想要知道，不是關於「死後」的，而是出體的經驗。你可以解釋一下嗎？那究竟是怎麼回事？

那只是你是誰的本質離開了肉體而已。一般作夢時會如此，冥想時往往會如此，沉睡時則常常會以昇華的形式如此。

在這樣的「郊遊」中，你的靈魂可以到它想去的任何地方。有過這種經驗的人，往往不記得他們曾做過有意的選擇，他們認為那些經歷是「發生在他們身上的」。然而，凡跟靈魂的行為有關的事，沒有一件跟意願無關。

當我們在經歷這種經驗時，如果一直都是自己在創造，那怎麼可能有些事物是「顯示」給我們的呢？我覺得，除非那事物是跟我們分開的，不是我們創造的，才可能是顯示給我們。這一點，我想我需要你的幫忙才能了解。

沒有任何東西是與你分離的，一切都是你自己的創造。即使你表面上看來的缺乏領會，也是你自己的創造；事實上，那是你的想像所虛構的東西。你想像你不知道這問題的答案，因此你就不知道。然而只要你想像你知道，你就知道。

是你任許自己做這種想像，以便那歷程得以進行。

什麼歷程？

生命，那永恆的歷程。

在你自己對自己「顯示」的時刻——不論是你們所謂的出體經驗，或是作夢，或是醒著卻感到水晶般的清澈——你都只是溜進了「記憶」中。你記起了你已經創造的事物。而這些記憶很有力量，它們可以產生個人的「顯靈」（epiphany）。

一旦你經歷過這神奇的經驗，就很難再回到「現實的生活」中，跟一般人所說的「現實」相混無間。這是因為你的「現實」已經變了，它已變成了另外一種東西，它擴充了，長大了，它不可能再縮小。這就像要那精靈再重回到神燈裡去一樣，是不可能的。

那些有過出體經驗或所謂「瀕死」經驗的人，有時候看起來似乎就是不一樣，就是因為這個原因？

正是，他們是真的不一樣了。因為現在他們所知道的比較多。然而，當他們離這個經驗越遠，時間過去得越久，往往就越會重歸舊路，因為他們又忘記了他們所知道的。

那有沒有什麼「保持記憶」的方法？

有。隨時隨地、一言一行都出自你的認知。以你的認知來言行，而不以幻象世界向你顯示的來言行。堅持以你的認知為依據，不管表象多麼欺人。

所有的大師都曾這樣做，現在也在這樣做。他們不以表象判斷，而以他們的所知來言行。

還有另一種方式也可以保持住記憶。

哪一種？

就是讓別人記得。凡你所願的，給予他人。

這三部曲似乎就是在這樣做。

這正是你在做的。你做的時間越久，就越不必非做不可。你越是把這訊息給人，你就越不必給自己。

這是因為我的自己和他人是一體，我給他人的，也給了我自己。

你看，現在是你在給我答案了。當然，運作本來就是如此。

哇，我給了神一個答案，這可真酷，真是酷斃了。

是你在告訴我。（You're telling me. 譯注：意為「還用你說，我早就知道了」。所以在此是句雙關語。）

這就是酷的地方——是我在告訴你。

而我要告訴你：有一天，我們將會一體說話。有一天，我們將會所有的人一體說話。

好吧，如果有一天這種事會發生在我身上，那我現在就得弄清楚自己確實明白了你所講的話。所以我要再一次——就這一次——回過頭來談一件事。我知道你已說過了不只一次，但我真的想弄清楚我是確實已經明白了才行。

當我們達到許多人會稱之為涅槃的一體狀態，我們不會留在那裡嗎？我之所以要再問，是因為這種說法跟我所了解的許多東方秘教不太一樣。

留在莊嚴的無有中，或與一切的一體中，會使留在那裡成為不可能。正如我剛剛解釋過的，那是者（That Which Is）若非在那不是者（That Which Is Not）處，就不能是（存在）。即使那一體的完全至福，若沒有某種比完全至福不完全的狀態存在，則就不可能被體驗為「完全至福」。因此，某種比完全一體的完全至福狀態不完全的東西，就必須被創造出來，而且必須不斷被創造出來。

但是當我們處在完全至福中，我們再度與那一體融合為一，當我們變為萬有或烏有時，我們又怎麼可能還知道我們存在呢？已沒有什麼別的東西讓我們經驗了呀……我不懂，這裡我似乎不太了解，這是我無法掌握的一點。

你所形容的就是我所謂的神聖困境（the Divine Dilemma），這就是神常有的困境，而神解決此困境的方式，就是創造那不是神（或以為其不是）者。

神時時刻刻將其自己的一部分給與那較差的經驗，此經驗的特質是不知其自身為誰，以便其自身的其餘部分得以知其自身真正是誰、是什麼。

是以「神將他的獨子給與（你們），以便你們可以得救」，現在你們可以看出這則神話從何而出了。

我認為我們都是神——我們每一個都不斷的從知去向不知，再走向知；從存在走向不存在，再走向存在；從一體走向分別，再走向一體，永無止境的循環。這就是生命之環——你所稱為的宇宙之輪。

完全正確。一點都沒錯，說得真好。

但我們每一個人都必須重歸於零嗎？我們必須永遠都得重新來過，徹徹底底？回到最始？回到起點？就不能過關，不能手上有點存餘？

你無需做任何事情。這一生不需，任何一生都不需。你可以選擇你想要去的任何地方，想要做的任何事，你永遠都有自由選擇權，去再創造你為神的經驗。你可以前往宇宙之輪的任何地方。你可以「重回」你想要的任何處所，或你選擇的任何次元、實相、太陽系或文明。有些達到與神性完全合一境地的人，甚至會選擇以開悟大師的身分「回來」。是的，有些是以開悟大師的身分離開，然後選擇以他們自己的身分「回來」。

你一定看過這一類的報告：許多世紀以來，大師們和宗師們一而再、再而三的重返地球，以相同的面貌顯現。

有一個宗教就是以這樣的一份報告為基礎建立起來的，稱作耶穌基督後期聖徒教會（the Church of Jesus Christ of Latter Day Saints，譯注：指美國基督教新教摩門教教會）。該報告是說，約瑟夫．史密斯稱自己為耶穌，重返地球——在耶穌「最後」離開地球後的許多世紀重返，而這次是在美國。

是以你可以回到宇宙之輪上你喜歡的任何一點。

不過，即使是這樣，仍舊會讓人喪氣。我們就永不得休息嗎？我們就永不得留在涅槃中嗎？我們就注定永遠這樣「來來去去」，永遠在踩這種一時「你見到了」、一時「你沒見到」的踏步機嗎？我們是在一個永遠什麼地方也沒去的旅程上嗎？

沒錯，這就是最大的真理。無處需去，無事需做，除了做現在的自己以外，你無需去做任何別人。

真相是：並沒有什麼旅程。你現在正是你想要做的人，你現在正處在你想要去的地方。

大師們懂得這一點，因此不再掙扎。大師要做的是幫助你終止這掙扎，正如你在達到這階段以後，想要去幫助別人終止這掙扎。

不過，這歷程——這宇宙之輪——卻並非令人喪氣。它是對神的、對一切生命的根本莊嚴華美的肯定，不斷的肯定，而這其中根本沒有令人喪氣之處。

我似乎是覺得喪氣。

讓我看看能不能幫你改變一下想法。你喜歡性嗎？

愛得很。

大部分人都是這樣，除非是那些對性有怪念頭的人。那麼，如果我告訴你，從明天起，你覺得什麼人有吸引力，什麼人你愛，你就可以和她有性——這會不會讓你快樂？

這會違背她們的意願嗎？

不會。我會安排，凡是你想跟她們以這種方式歡慶性愛之經驗的，她們就也想要與你這樣。她們會覺得你有很大的吸引力，會覺得很愛你。

哇！這——太棒了！

但有一個條件，就是你在她們之間一定要停一停，你不能毫無間斷的從一個走向另一個。

那還用你說。

那麼，為了享受這種肉體結合的狂歡，你必須也經歷不做性結合的經驗——哪怕只是一刻。

我想我知道你要說什麼了。

沒錯。如果不是有一段時間沒有性狂歡，則即使連性狂歡也不是性狂歡了。精神的狂歡其實和肉體的狂歡是一樣的。

生命的循環並沒有令人喪氣處，只有喜悅，只有喜悅與更多的喜悅。

真正的大師從來不無喜悅。這種留駐於大師的狀態，可能是你現在想要的。你可以入狂歡出狂歡，卻始終喜悅。你並不必須狂歡，就可喜悅。只因你知道狂歡在，你就喜悅了。

NOTES

・如果你們行為舉止都在遵從別人的規矩，
則你們不是成長，而是遵從。

NOTES

・全世界唯一能夠持續的和平是內在的和平……

當你在內在找到和平，你就也可以在外在找到。

NOTES

‧你們的關係之所以這麼一團糟，正是因為你們總想猜測別人

——而非你自己——真正要什麼。

NOTES

・別人的靈魂旅程不是由你們來審判的。你們該決定的是你是誰，而非別人是誰或未能是誰。

NOTES

・只要你仍在擔憂別人怎麼看你，你就仍歸屬於別人……
只有當你不再要求外在的讚賞時，你才能歸屬於自己。

NOTES

・往日的資料不應當做現在真理的基礎。
往日的資料或經驗永遠只能當做新問題的基礎。
寶藏永遠都應在問題中，而不在答案裡。

NOTES

・可以用如下的方式來測驗你是在幫助人還是在傷害人：你幫助人的結果，被幫助的人是長大了還是縮小了？是更有能力了還是更沒能力了？

國家圖書館出版品預行編目資料

與神對話全集／尼爾・唐納・沃許（Neale Donald Walsch）著；
王季慶、孟祥森 譯. -- 初版. -- 臺北市：方智，2012.3
1120面；14.8×20.8公分 --（新時代；151）
譯自：The Complete Conversations with God
ISBN：978-986-175-260-0（全套：隨身典藏版）

1. 超心理學 2. 神

175.9　　101001033

The Eurasian Publishing Group
圓神出版事業機構
用心與你對話・視野無限寬廣
方智出版社
Fine Press

http://www.booklife.com.tw　　inquiries@mail.eurasian.com.tw

新時代 151
與神對話Ⅲ（上）

作　　者／尼爾・唐納・沃許（Neale Donald Walsch）
譯　　者／孟祥森
發 行 人／簡志忠
出 版 者／方智出版社股份有限公司
地　　址／台北市南京東路四段50號6樓之1
電　　話／（02）2579-6600・2579-8800・2570-3939
傳　　真／（02）2579-0338・2577-3220・2570-3636
郵撥帳號／13633081　方智出版社股份有限公司
總 編 輯／陳秋月
資深主編／賴良珠
責任編輯／張瑋珍
編輯協力／應佳燕
美術編輯／劉鳳剛
行銷企畫／吳幸芳・簡　琳
印務統籌／林永潔
監　　印／高榮祥
校　　對／賴良珠
排　　版／莊寶鈴
經 銷 商／叩應股份有限公司
法律顧問／圓神出版事業機構法律顧問　蕭雄淋律師
印　　刷／祥峯印刷廠
2012年3月　初版
2024年8月　24刷
The Complete Conversations With God
Copyright © 2010 by Neale Donald Walsch
All rights reserved including the right of reproduction in whole or in part in any form.
This edition published by arrangement with TarcherPerigee, an imprint of Penguin Publishing Group, a division of Penguin Random House LLC through Bardon-Chinese Media Agency.
Traditional Chinese edition copyright : 2012 © FINE PRESS

特價：999元（定價：~~1400~~元）　ISBN 978-986-175-260-0　版權所有・翻印必究
◎本書如有缺頁、破損、裝訂錯誤，請寄回本公司調換　Printed in Taiwan